SV

ME
R
LIN

Tankred Dorst
Merlins Zauber

Mitarbeit Ursula Ehler

Suhrkamp Verlag

Erste Auflage 2001

Druck: MZ-Verlagsdruckerei GmbH, Memmingen
Printed in Germany

1 2 3 4 5 6 – 06 05 04 03 02 01

Merlins Zauber

Gustave Doré, Merlin findet Artus

Heinrich Zimmer
Merlin

Das Wachstum der heidnischen Religionen Nordeuropas ist mit dem Eintreten ihrer Völker in den christlichen Raum in der Blüte geköpft worden; mehr als die römische Kultur hat die Kirche bei Kelten und Germanen und der breiten vorkeltischen Urbevölkerung Frankreichs und der Britischen Inseln ihrem Mythos seine Lebenssphäre, die alte Religion, entzogen. Schwebend und bodenlos lebte er weiter, ward ohne Kult und Ritual wie anderwärts in gleicher Lage zu Sage und Dichtung, ward weltlich und scheinbar unverbindlich, der Kirche als Gegner schwer greifbar und bildete dabei fort und fort die innige Nahrung der Seele im Mittelalter, der die Heilslehre der Kirche nichts Entsprechendes bereithielt. Mit keltisch-vorkeltischen Mythen und Sagen hat der mittelalterliche Mensch seine verschüttete Frühzeit und Völkerjugend ausgeträumt in Bildern und Gestalten, im Artus- und Gralszyklus wurden sie zu Gesellschaftsromanen des ritterlich-höfischen Europa. Daher der unmittelbare Zauber dieser Stoffe auf uns Nachfahren des Mittelalters und der Vorzeit: von Dichtern immer wieder belebt, sind sie vom gleichen Stoff, der auch noch auf dem Grund unserer Seele ist.

Die einweihende Gestalt dieser Sagenkreise ist Merlin; er stellt mit einsamer Vollendung im Abendlande dar, was anderen Kulturkreisen, z.B. Indien oder den Indianern, eine geläufige und gebietende Figur ist: den Zauberer als Lehrer und Seelenführer, vergleichbar dem Guru als Hauspriester und Meister der Einweihungen im Hinduismus und dem Medizinmann als Orakel und geistliche Führung des Stammes.

»Merlin« ist im »enchanted forest«, dem Zauberwald, zu Haus, im »valley of no return«, im »Tal ohn' Wiederkehr«, das vernehmlich anklingt an »das Land, aus dem kein Wanderer wiederkehrt« – ans Totenland.

Merlin ist nicht nur Meister der Wildnis und des Ungeheuren, das den Berufenen lockt, ihn zu bestehen, er ist auch der Begründer und Mentor der ritterlichen Tafelrunde und der Erzieher ihres Herrn, König Artus; er bringt in der hellen Welt die Schar der Berufenen zusammen und vereint sie zur Vollzahl, dann lockt er sie ins Dunkel der Prüfungen und schickt sie auf den Pfad der Wandlung. Merlin ist der Meister der ganzen Runde – der Umwandler, der geheimnisvolle, gütige und doch gefürchtete Erzieher, der Rufer, der Prüfer und Verleiher des höchsten Gutes.

Bis übers Mittelalter hinaus bleibt er, vom Walisischen ausstrahlend, die Prophetengestalt des keltischen Raumes. Der alte

Typus des Zauberers und Druiden, des Sehers und Wetterkundigen, der die tiefere Ahnungskraft seines Stammes verkörpert, für ihn die tiefen Träume träumt und sie ihm auslegt, ist in Merlin beherrschend Gestalt geworden, um lang über die mythische Epoche seines Werdens hinaus deutende und tröstende Kraft für sein Volk zu sein.

Merlins Herkunft aus der Menschenwelt und der Sphäre der Mächte ist sinnbildlich für Sagengestalten seinesgleichen: sie stammen von Menschen her und von der Geisterwelt: ein geschichtlicher Keim realer Person befruchtet sich aus dem Zeitlosen mit urbildhaften idealen Zügen und Taten.

Merlins Ende ist bekannt. Er geht ein in die Macht, die er ist, scheinbar erliegt er ihr, er kehrt heim aus der Welt in ihr stumm blühendes, in sich duftendes Dasein, nachdem er so lange ihre nach außen wirkende Gewalt war. Er war Gesicht und Stimme des Waldes – das Gesicht birgt sich, die Stimme verstummt in dem Schweigen, das sie gebar und dem sie alles entnahm, was sie dem Raume sagen mochte. So gibt sich das Unbewußte, nachdem es sich eine Weile zu Gebärden und Worten ausgestaltete, als Bewußtsein herrschte und leitete, in seine eigene Stille zum Schlummern zurück. Ninianens Überlisten ist ein Schein, Merlins Sich-Dareingeben ist Wissen. In ihrem Vogelauge findet er sein eigenes Wesen.

Immerfort, immerfort aufbrechen und davongehen

Der Sprung

O diese Sucht, sich in den blauen Äther zu werfen! O und dabei macht man womöglich einen Purzelbaum und denkt: wo falle ich denn hin, wo falle ich denn hin? Falle ich hinunter in den Abgrund oder falle ich hinauf? Sie als naturwissenschaftlich-logisch denkender Mensch sagen: selbstverständlich hinunter! Also auf diesem harten Stein, der unser Planet ist und der seinerseits lautlos durch das Weltall stürzt, zerschellen! Wenn der Wind aber in die gefältelte Seide faßt und die Wunderblume in der blauen Unendlichkeit des Himmels aufgeht – o was für ein Augenblick! Was für ein Gefühl, hinaufzufallen, und dann in der plötzlich eintretenden Windstille dahinzuschweben, quasi körperlos!

Aufbruch

Immerfort, immerfort aufbrechen und davongehen! Sie gehen meistens in der Nacht fort. Sie gehen aus der Tür und verschwinden in der Dunkelheit. Sie verlieren ihren Umriß, lösen sich in der Schwärze auf, kurz ehe die Dämmerung anbricht. Wenn das erste graue Licht kommt, wäre es zu spät. Wo gehen sie hin, diese Wanderer, die keinen Reisepaß in der Tasche haben, womöglich auch kein Geld in der landesüblichen Währung? Wo versammeln sie sich? Niemand kennt sie mehr, nur die Statistik hält ihre Anzahl fest. Fast dreihundert waren es in München im vergangenen Jahr, das habe ich in der Zeitung gelesen. Wie viele sind es wohl in New York, der hochgebauten Stadt, wie viele in Birmingham? In Zürich vielleicht nur wenige, aber dennoch, dennoch! Und auch aus den Ländern des hohen Nordens, wo alles verzehrende Dunkelheit gerade noch das kleine Licht des Mittags glimmen läßt, kommen viele, viele. Obwohl man sie nicht mehr sieht, hört man noch stundenlang ihre Schritte auf den Trottoirs der winterdunklen Städte.

Ehemalige Fischhalle in Hamburg. 1978

Die Frage nach dem Anfang

Ein Gespräch mit Peter von Becker

Ich beginne mit der Frage nach dem Anfang. Wie ist es zu dem Merlin-Projekt gekommen? Was waren Ihre Beweggründe, und was hat Sie angestiftet zu dem Stoff?

Peter Zadek hatte immer ein großes Interesse an dem Artus-Stoff, wir hatten vor vielen Jahren schon darüber gesprochen, aber damals konnte ich mit diesen Geschichten nichts anfangen. Ich kannte Parzival, Tristan und Isolde, was man von der Germanistik und von den Wagner-Opern kennt, gegen die ich lange Zeit eine Abneigung hatte. Auch im »Morthe d'Artur« von Malory hatte ich herumgelesen, nur herumgelesen, fand das Buch langweilig, ich konnte mir nicht vorstellen, warum es über Jahrhunderte weg bis heute berühmt geblieben ist. Was mich eigentlich dazu gebracht hat, das Merlin-Stück zu schreiben, war die Halle – eine riesige langgestreckte alte Fischhalle am Hamburger Hafen, wie eine Kathedrale, mit umlaufenden Galerien, überall und bis oben hinauf bespielbar: hier sollte die Aufführung stattfinden. Das war eine faszinierende Idee, ich habe mir die Halle ein paarmal angesehen, ich habe mit Zadek den Plan besprochen, ich habe angefangen, mich in die Artus-Literatur hineinzulesen, und schließlich habe ich ein

»Auf dem Chimborazo«

erstes Exposé geschrieben, um zu sehen, welchen Umfang das Schauspiel haben würde, was man hineinnehmen könnte, und dann habe ich mit dem Hamburger Schauspielhaus den Vertrag gemacht und mich verpflichtet, das Stück bis zum Jahresende 78 in einer Rohfassung fertigzuschreiben. Das war nun eine sehr kurze Frist und ich habe mich vor der Arbeit gefürchtet. Es ist ja immer schön, sich das Fertige vorzustellen, die Vorstellung von dem fertigen Stück ist immer schöner als die Arbeit, – arbeiten, schreiben, das sind Niederlagen. Die Schrecken darüber, daß man das, was man sich vorstellt, nicht erreichen kann. Ich habe dann irgendwo angefangen, ich habe mit der Szene angefangen, wie die Mordred-Brüder König Artus provozieren, im letzten Teil des Stückes, der den Untergang des Artus-Reiches behandelt, und habe dann den ganzen Schlußteil zuerst geschrieben, um an die Personen heranzukommen. Dann habe ich zu den anderen Akten Notizen gemacht, und dann ist es doch ein Acht-Stunden-Werk geworden, mit einer Masse von Szenen.

War es für Sie nun ein besonderer Reiz, nachdem Sie sich in den letzten Texten, in Ihren Stücken wie auch in Prosa und Drehbüchern, mehr mit Stoffen der bürgerlichen Zeitgeschichte beschäftigt haben, nun sich zuzuwenden an diese alte Mythengeschichte, an alte Märchen?

Der Autor soll immer eingeordnet werden, immer will man ihn einordnen: politisches Theater, poetisches, absurdes, Boulevard, psychologisches Kammerspiel... und dabei soll er dann auch bleiben. Nach »Toller« hat man erwartet, daß ich politische Revuen schreibe. »Auf dem Chimborazo« ist ein kleines Stück, ein halblaut gesprochenes Kammerspiel, man muß nahe herangehen, um das Detail zu sehen. Zadek hat mir damals

Die fremde Seele ist ein dunkler Wald.
Russisches Sprichwort

»Eiszeit«

»DER ALTE: Der Mensch ist ein blutgieriges Tier, eine Bestie, und nur eine eiserne Hand oder ein großes Unglück hält ihn einigermaßen im Zaum.«

gesagt, Du wirst immer stiller, ich werde immer lauter – es schien nicht so, als ob wir einmal wieder mit unseren Vorstellungen zusammenkämen, um etwas gemeinsam zu machen. – Was die Mythen und Märchen betrifft: vier Menschen im dunkler werdenden Wald, das ist doch auch Märchen und Mythos, und der Eiszeit-Greis, der ist auch eine mythische Figur in gewisser Weise, nur eben realistisch geschrieben. Und mit »Kleiner Mann was nun« und mit »Toller« habe ich auch schon versucht, eine größere Form zu finden. So viel anders ist »Merlin« nicht. »Merlin« in einer Halle, ein langes Stück für ein großes Publikum – das zwingt zu einer bestimmten Schreibweise, zu einer bestimmten Szenenführung, zu bestimmten Mitteln. Man muß »vergrößern«, man muß den Rhythmus finden. Zum Beispiel Clowndialoge im Zirkus, die sind doch immer für ein rundherum sitzendes Publikum gedacht, die Komik der wiederholten Sätze kommt daher. Und den Shakespearestücken merkt man noch an, daß sie für ein unruhiges Publikum geschrieben sind. Und für ein sehr gemischtes Publikum.

Sie haben früher einmal gesagt, daß Sie eigentlich eine Abneigung hätten gegenüber einer bestimmten Form von Großdramatik.

Oberflächlich betrachtet ist »Merlin« natürlich ein pathetischer Stoff: Ritter, Könige, Menschheitsprobleme. Schon darum habe ich gefürchtet, daß ich nicht damit zurechtkomme. Erst bei der Arbeit ist mir die innere, differenzierte Bewegung des Ganzen deutlich geworden.

Ich hatte den Eindruck beim Lesen des Entwurfs, daß die märchenhaften mittelalterlichen Vorbilder von heute aus, in einer heutigen Ironie gespiegelt werden und so manchmal etwas untertrieben erscheinen, wenn etwa, wer ist es? Parzival, wenn der den Ither niederschmeißt und ihn aus der Rüstung schält wie einen Hummer.

Ja, natürlich, es gibt komische Szenen, komische Nummern, ich

hoffe, man lacht auch darüber. Aber die Personen und ihre Geschichten sind ernst genommen, nie parodistisch. Eine witzige parodistische Behandlung der Ritter-Welt wäre nur platt ... Vielleicht wirkt es ironisch, wenn die Ritter alle an Caféhaustischen sitzen, jeder für sich an einem Tisch, ehe die Tafelrunde gegründet ist; oder wenn es heißt: »Lancelot, der beste Ritter der Welt«, oder wenn sich die Zeiten mischen, Vergangenes und Gegenwärtiges. Aber es sind Menschen, es sind keine strahlenden Helden, keine Opernhelden, keine Comic-Helden. Parzival, der Junge, der »Wolfsjunge«, der aus dem Wald kommt, der losrennt und tötet, in seiner schrecklichen unbarmherzigen Unschuld: da steckt unter der kostbaren Patina eine spannende Geschichte, die Patina muß nur erst weg.

Finden Sie auch, daß das Märchenhafte eine ganz genuine Realität ist, auch als Märchen?

Märchen müssen natürlich realistisch sein, so realistisch wie Träume. Iwain mit dem Löwen, Parzival, wie er die Ritter am Waldrand für Glamour-Engel hält, oder wie er Sir Ither aus der roten Rüstung schält wie einen Hummer aus der Schale, – das muß ich mir alles lebendig vorstellen können, es muß sich realistisch ereignen, sonst bedeutet es nichts, sonst verflüchtigt es sich, bewegt die Phantasie nicht.

Denken Sie beim Stückeschreiben auch mit den Augen – haben also schon spezifisch theatralische Vorstellungen von einer Szene im Moment des Schreibens?

Ich schreibe zuerst Bewegungen auf, Momente zwischen Personen, Bilder, manchmal ein Stück Dialog, um eine Person festzuhalten, einen Tonfall; ich schreibe eine Bilderfolge auf. Nie eine fertige Konstruktion. Etwas ordnen, das heißt auch: etwas eingrenzen. Natürlich, das muß man schließlich auch, aber zuerst sind die Bilder, die Personen. Und die Bilder und die Szenen müssen ihr Thema finden, – ich meine: das Neue, das Originelle, das, was fasziniert, ist immer das Detail, das Thema ist

»Toller« am Piccolo Teatro in Mailand

niemals neu. Ich schreibe, und mit der Zeit komme ich wieder auf mein Thema. Es ist ja immer dasselbe Thema, in Varianten.

Wie sieht denn nun Ihre Schreibpraxis aus? Bei einigen Ihrer Texte wird ja als Mitarbeiterin Ursula Ehler ganannt.

Danach werde ich oft gefragt. Es hat sich in den letzten Jahren so ergeben, daß wir zusammenarbeiten. Wir reden über das Konzept, über die Szene, und wir besprechen die Situation, wir machen Notizen, schreiben den Dialog auf, den gesprochenen Dialog. Dialoge sind ja gesprochene Sprache, und so ist es gut, die Dialoge auch zu sprechen und beim Sprechen zu korrigieren.

»LANDAUER: Wo über die Menschheit Großes, Umschwung und Neuerung gekommen ist, da ist es das Unmögliche und Unglaubliche gewesen, was die Wendung gebracht hat. Jawohl, wir wollen machen, was ihr Experimente nennt, wir wollen versuchen, wir wollen aus dem Herzen heraus schaffen und tun, wir wollen denn, wenn es sein muß, Schiffbruch leiden, bis wir den Sieg haben und Land sehen!«

Sie mußten ja viele Quellen studieren, um sich diesen Sagenstoff anzueignen.

Ich habe während der Arbeit immer wieder und mit immer größerem Lesevergnügen im Malory herumgeblättert; Parzival habe ich gelesen in verschiedenen Fassungen, ich habe auch ein paar neuere Bearbeitungen des Artus-Stoffs gelesen, den Roman von White, Keltische Sagen, historische Quellen; das Buch von Heinrich Zimmer über Merlin und die Artus-Runde, ja, ich

Bühnenentwurf von Patrice Chéreau zu »Toller« am Piccolo Teatro in Mailand

habe eben mit Ursula Ehler viel gelesen im Umkreis dieser Geschichte, aber nichts eigentlich gründlich. Ich war so begierig, die Geschichte nach meinen eigenen Vorstellungen zu schreiben ...

Sie machten ja keine wissenschaftliche Arbeit.

Eigentlich habe ich nur gelesen, um an die Personen heranzukommen, um Anregungen zu finden. Auch Bilder sind natürlich Anregungen, die Bilder der Präraffaeliten, aber auch Fidus, auch die Posters aus der Science-fiction-Märchenwelt, auch Fotos, Bilder von dem, was um uns her heute passiert, die Jones-Sekte, der kollektive Selbstmord dieser Sekte ... Die Bilder liegen auf dem Tisch, sind an die Wand geheftet, ich bin umgeben von diesen Bildern.

Sie nehmen auch modernere und spätere Figuren hinein, ich glaube, Mark Twain kommt darin vor, und Rothschild kommt darin vor.

Ja, am Anfang waren es viel mehr Figuren. Ich hatte mir, als ich anfing zu schreiben, im August '78, Figuren und Ereignisse notiert, die im fernen Zusammenhang mit der Geschichte

stehen: der Yankee Mark Twain, der wahnsinnige Tänzer Nijinski, Ludwig der Zweite, Kennedy, der Flieger Hermann Göring, die Manson-family, Fourier, – das war so eine erste Annäherung an das Thema. An die eigentlichen Geschichten kam ich nicht heran, ich verstand sie nicht. Und wir hatten auch anfangs daran gedacht, nur eine Art Collage zu machen, gar kein richtiges Stück. Dann, während der Arbeit, habe ich diese Hilfsfiguren mehr und mehr ausgeschieden, ich habe die alten Geschichten besser verstanden und es kam mir darauf an, sie zu erzählen, auf meine Weise, die halb mythischen Figuren, die

Edward Burne-Jones, Die Berufung der Ritter

darin vorkamen, zu Menschen zu machen. Assoziationen zu heutigen Ereignissen und zu historischen Figuren müßten sich aus den Geschichten selbst herstellen. Eine Collage ist es nun nicht mehr. Auch der zweite Teil, der ursprünglich nur Szenen aus dem Stück des Shakespeare-Zeitgenossen Rowley enthalten sollte, ist neu geschrieben. Die schwangere Hanne und ihr Bruder, der Clown – das ist eine Rowley-Erfindung, aber neu geschrieben, sehr verändert.

Ist »Merlin« nicht ein Gegenentwurf gegen eine bestimmte Form von teutonischem Ernst in der Rezeption dieses Mythos?

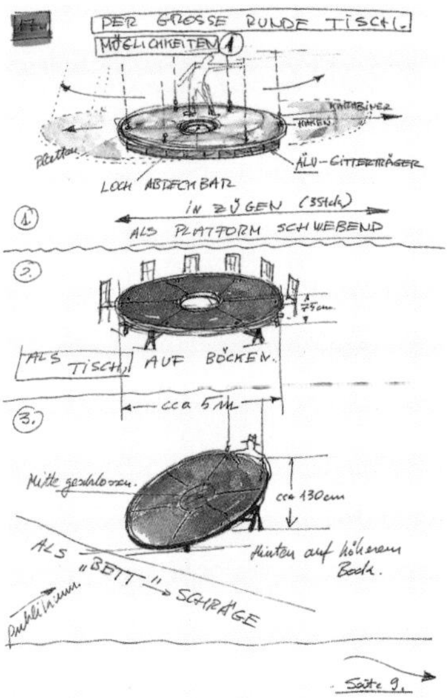

Die Geschichten haben Tiefe und Ernst, aber sie wurden oft zugedeckt durch Schwulst oder Germanistik. Ich merke auch jetzt erst, welch wunderbare Geschichten das sind. Der Parzival ist eine der ganz großen Geschichten, die es gibt in der Welt, auch »Tristan und Isolde« ist eine unglaublich schöne Geschichte.

Und Merlin?

Meine Grundvorstellung war: Merlin ist der Magier, der Zauberer, der Entertainer, er ist auch der Spielleiter, der dieses Stück bewegt und lenkt. Wir sehen Bilder, Szenen und Szenen-Fragmente aus der alten Artus-Geschichte, wir hören den teils komischen, teils philosophischen Unterhaltungen der Tafelrunde zu, Magie und Entertainment, Musik, Kämpfe, phantastische Abenteuer sollen den Zuschauer in wechselnde Stimmungen versetzen. Und so wie Merlin, der Sohn des Teufels und einer frommen Frau, das Vergangene wie das Zukünftige weiß und manchmal verwechselt, so gehe auch ich mit der Zeit verhältnismäßig frei um. Die Darstellungsart ist teils realistisch, teils phantastisch; ich vernachlässige hin und wieder auch die Kontinuität und die Einheit von Personen. In diesem Sinn sollte dieses Stück auch ein Exkurs über Theater werden. (1979)

Entwurf zum »Merlin«-Drama (1978)

1. Christus vertreibt die heidnischen Götter
Die heidnischen Götter, darunter Zarathustra, flüchten in die Wälder. Einige bleiben in den Städten, sie tarnen sich mit profanen Berufen: Metzger, Händler, Varietékünstler, Wirte, Nutten. Christus hat ihnen die Macht genommen.

Ein Teufel sagt, er wird wieder in der Welt zur Macht kommen, er wird eine Jungfrau finden und ein Kind zeugen.

2. Merlins Geburt
Die Verhältnisse der Welt noch immer in einem chaotischen Zustand. Barbarische Riesen kämpfen miteinander, häßliche Ungeheuer, groteske Halbmenschen. In Szenen und Szenenfrag-

»Gaetano Pompa, ein befreundeter Maler, ließ sich, als wir während der Entstehungszeit von ›Merlin‹ in Rom waren, die Szenen erzählen, die wir noch schreiben mußten. Und morgens hat er uns dann seine Zeichnung von der Szene unter der Tür durchgeschoben.«

menten die vergebliche Anstrengung dieser Lebewesen, zu einer Art Ordnung zu kommen. Gewalttätigkeit und Irrsinn. (Sie fallen vollgefressen von den Stühlen, sie paaren sich zu dritt, zu viert, zu fünft, eine Mutter frißt ihr Kind auf, ein Riese untersucht das Auge einer Riesin, sticht hinein, sticht immer tiefer hinein, einer sägt alles durch, auch das Bein eines Hingefallenen.)

Die schwangere Hanne und ihr Bruder suchen den Kindsvater (s. Rowley, »Merlins Geburt«). Anders als bei Rowley: Hanne eine unförmige Riesin, ihr Bruder ein brutaler Clown. Punch has no feelings. Grobes Geschrei. Sie fragen jeden: einen Herrn aus dem Publikum, einen Ritter, Sir Rotschild etc.

CLOWN *schreit:* Wie schön, daß wir uns wiedersehen!

ROTSCHILD Ich kenne Sie nicht.

CLOWN *schreit:* Sie kennen uns nicht? *Deutet auf Hanne:* Sie kennen sie nicht wieder? *Er tritt Hanne, die bricht sofort in Heulen aus.* Sehen Sie! Meine Schwester erkennt Sie wieder! Und sogar das Kind erkennt Sie wieder!

ROTSCHILD Welches Kind?

CLOWN *schreit:* Ihr Sohn, mein Herr!

ROTSCHILD Ich habe keinen Sohn!

CLOWN *schreit:* Sie werden aber gleich einen bekommen!

ROTSCHILD Ausgeschlossen!

CLOWN *schreit:* Wie heißen Sie?

ROTSCHILD Ich bin Sir Rotschild.

CLOWN *schreit:* Natürlich! Sir Rotschild! *Er schiebt Sir Rotschild ganz nahe an den Bauch von Hanne.* Hören Sie nicht? *Er schlüpft unter den Rock, plärrt mit Babystimme:* Papa! Papa! Papa Rotschild! *Er schlüpft wieder heraus.* Gratuliere, Sir Rotschild! Wie gut, daß Sie einen Erben haben! In Ihrem Alter! Ein so schönes Kind! Einen so gelungenen Sohn!

Die Geburt

Hannes riesiger roter Leib.

Der Clown schreit, rollt sich zur Kugel zusammen, rollt als Kugel, schreiend, über die ganze Bühne.

Während der Clownnummer und weiter bis zur Gründung der Tafelrunde:

Durch die Halle, die Treppe hinauf bis in die zweite Galerie und auf der Galerie um die ganze Halle herum und wieder hinunter gehen zwei Intellektuelle. Sie sind in ein langes, ernsthaftes Gespräch vertieft über Utopie und Gesellschaft. Dieses Gespräch beginnt schon währen der Hanne/Clown-Szene, ist manchmal gut zu hören, manchmal gar nicht, manchmal sind die beiden Herren verschwunden, manchmal bleiben sie stehen, manchmal haben sie Kaffeetassen in der Hand, aus denen sie nippen.

»Wenn wir den Begriff UTOPIE beim Wort nehmen, ich meine, beim griechischen Wort, dann heißt das doch: der Nicht-Ort, während die Utopien, die uns die Geschichte angeboten hat, Verdinglichungen, Festlegungen, Eingrenzungen sind. Nirgendwo ein wirklicher Schritt über die Grenze ...«
Merlin, der Neugeborene, kommt still zum Vorschein: ein erwachsener Mann. Er räuspert sich, liest aus einem gelehrten Buch vor, das als Nachgeburt mitkam. Er erkennt den Clown sofort, sagt:
Guten Morgen, Onkel! Der Clown ist verblüfft.
Es erscheint in einer prächtigen neapolitanischen Beerdigungskutsche der Teufel, um seinen Sohn zu begrüßen.
Ist Merlin ein Mensch?
Der Teufel freut sich über seinen Menschensohn, will ihn für seine Zwecke benutzen. Er hat aber keine Macht über Merlin. Wütend reist der Teufel wieder ab.

Der Clown verkauft Merlin an den barbarischen König Vortiger. Merlins Prophezeiungen.
Drachenkampf: ein roter und ein weißer Drache unter dem Fundament. König Vortigers Turm stürzt ein.

Merlin, Sohn des Teufels und einer frommen Jungfrau, hat einen Hellsehersinn für das Böse im Guten und das Gute im Bösen.

Fortan ist er der große Magier und Berater des Königs. Es wird noch blutige Kämpfe geben, sagt Merlin, aber es wird Artus geboren werden und Artus wird die Tafelrunde gründen, die der Welt Sinn und Ordnung gibt. Sie wird ihn weltberühmt machen.

Wald, Höhle.

Der Geschichtsschreiber Blasius.
Merlin diktiert die Geschichte der Welt.
Heidnische Götter, listige Dämonen versuchen das Werk zu hindern, schnappen Manuskriptseiten weg, tropfen Schleim auf die Blätter etc. Merlin diktiert Vergangenes und Zukünftiges, Kreuzzüge, Columbus, Hitlers Weltkrieg, Pyramidenbau, Astronauten auf dem Mond etc.

Der Akt endet mit einem schönen, engelhaften Gesang zweier Damen.

3. Tafelrunde

Der Wald Broceliande. Camelot.
Im Wald streicht der halbwilde Knabe Perzival herum. Parzival und die beiden schimmernden Ritter am Waldrand, die er für Engel hält.

Zwei Bereiche: Die Burg (Tafelrunde, Zivilisation, das Rationale) und der Wald, der sie umgibt (das Unbekannte, Ungeordnete, Irrationale)

Gründung der Tafelrunde.

Wie muß so ein Tisch sein? Rund, viereckig, oval? Sollen es viele Tische sein, die man zusammenstellen kann? Wenn es ein einziger großer Tisch ist: wie groß kann er sein, ohne daß es schwierig wird, sich über die Fläche hin mit der anderen Seite zu verständigen? Tisch- und Zivilisationsprobleme. Merlin, schreibt Malory, hat diesen Tisch gegründet als ein Abbild der Welt.
Artus (incognito) und der Schreiner.

Ein Sitz bleibt nach dem Willen Merlins leer, es ist der Sitz für den Zukünftigen, Auserwählten. Wenn ein Unwürdiger sich hineinsetzt, wird er in Flammen aufgehen. (Der Platz, den der Verräter Judas beim letzten Abendmahl eingenommen hat)

Mark Twain streitet mit Merlin über Wunder und Magie. Vergeblicher Zauber. Alles ist erklärbar, Zauber nur Scharlatanerie. Der Yankee der Prosaische, Mythenlose.

»König Artus und Ginevra
sie waren ein schönes Paar
sie ritten auf weißen Pferden
als der Frühling im Lande war.

Ginevra im blauen Kleide
unter dem Seidenzelt
die Knechte rollten die Tafel
die war das Abbild der Welt.

Zwanzig westfälische Pferde
die zogen den Tisch über Land
da standen die einfachen Leute
staunend am Straßenrand.

Und Gott und auch der Teufel
die sahen die stolze Schar
Gott freute sich über die Tafel,
der Teufel über das Paar.«

Der große runde Tisch: das ist die Bühne.
Artus/Merlin.
Artus hat eine vage Vorstellung von einer befriedeten Welt, er ruft Merlin: Sage mir, was ich denke!
Merlins Ideen: Bilder, Verwandlungen, Späße, Happenings – so bewegt er die Phantasie, wie der Künstler, und wie das Theater.

Parzival verläßt den Wald, verläßt seine Mutter.
Die Mutter, die Verrückte.
– Wenn jemand von deiner Ehre spricht, dann sagst du: ich habe keine Ehre.
– Was ist die Ehre?
– Eine Drohung des Todes.
– Und wenn jemand in Not ist und er bittet mich um meine Hilfe?
Herzeloide (schreit):
Dann spring in den Busch! Halt dir die Augen zu!

»Als Lancelot auf seiner Flucht durch die Wälder rannte, sah er plötzlich die Zauberin Morgane le Fay vor sich. Er verlangt von ihr, daß sie ihn in ein Tier verwandle, er wolle kein Mensch mehr sein. Was willst du denn sein? Eine Ratte! schrie Lancelot. Lieber leide ich mit den Ratten Not, als daß mich beißen die Skrupel tot. Oder ein armes Tier in der Wüste! Lieber will ich ein Wolf in der Steppe sein, da höre ich nicht meine Gedanken schrein! Oder ein Maulwurf! Ich wühle mich durch das Erdreich blind, da ich am Himmel kein Licht mehr find! Kein Auge, keine Stirn, keines Menschen Mund, oh läge ich als Krake im Meeresgrund! Verwandle mich! Verwandle mich!
Oh schwarzer Vogel im Winterbaum
Der Mensch ist nur eines Menschen Traum.«

– Machen das die Ritter?
– Das freut sie, da lachen sie.
– Und wenn ein Ritter mein Freund sein will?
– Dann antwortest du: ich brauch keinen Freund.
– Muß ich denn immer allein sein?
– Allein ist man am sichersten. Allein mußt du nicht teilen. Allein mußt du nicht streiten. Allein mußt du niemandem danken. Allein bist du nicht enttäuscht.
– Darf ich denn keinen Freund haben?
– Ein Freund ist eine Drohung des Todes.
– Wenn der König mich fragt, was ich weiß und was ich kann?
– Herzeloide (schreit):
Nichts! Du hast nichts gelernt! Du kannst nichts! Du weißt nichts! Du hast keinen Wert! Du bist für nichts zu gebrauchen!

Sir Galahad, der Albino, mit dem Hündchen.

Artus-Ginevra-Lancelot.
Lancelot, der größte Ritter der Welt, ist am Hof erschienen und freudig aufgenommen worden. Er wird König Artus' bester Freund. Königin Ginevra hoch oben auf der Galerie. Die grünen Augen. (Wie die starren gemalten Augen antiker Götterstatuen.) Sofort beginnt ihre Liebesgeschichte, die sich dann durch das ganze Stück hinzieht und schließlich nach der Aufdeckung zum Untergang des Artus-Reiches führt.

Eine unauflösbar fatale Konstellation:
Artus will den Betrug nicht wahrhaben. Ginevra schickt Lancelot weg. Lancelot wird die Liebe nicht los, er irrt herum, schläft mit Elaine, die er für Ginevra hält. Lancelot im Wahnsinn, Lancelot im Sumpf. Er bewirft Ginevra mit Schlamm. Verstrickt in die Wirrnis seiner Gefühle fehlt ihm die Kraft, alle Anstrengungen auf die Gralssuche zu richten. Er wird ihn nicht finden.

Sein Sohn ist der Erwählte: der junge Sir Galahad setzt sich auf den gefährlichen Stuhl. Schimmernd sitzt er da.
(Galahad: der Tänzer Nijinski)
»Das ist wohl der Gipfel der Tugend, zu der sich unsere Seele emporranken soll: gänzliche Gefühllosigkeit. Ich zweifle nur, daß eine solche Vollkommenheit in der Kraft der menschlichen Natur liegt. Ich weiß nicht, ob es nicht besser wäre, die menschlichen Leidenschaften zu läutern und zu mildern, als sie völlig abschaffen zu wollen.«
(Moliére)

Parzival kommt an den Hof. Wird ausgelacht.
Parzival tötet den Roten Ritter.

(Parzivals unbarmherzige, schreckliche Unschuld: er weiß nicht, was Tod ist, er weiß nicht, was Schuld ist: Unempfindlichkeit für Gefühle, keine Trauer, keine Liebe, kein Mitleid.)

Rittergeschichten, Abenteuer.

Haus am Rand des Schlachtfelds. Nacht.
– Ich habe Merlins Stimme gehört. Er schrie über das Schlachtfeld hin.
Lancelot mit Ginevra im Bett.
– Draußen fahren schwarze Karren vorbei. Sie sind mit Toten beladen.
Dann große Helligkeit.
Er kniet vor ihr. Sie setzt ihm König Artus' goldenen Helm auf.

Artus/Merlin.
Ein Dialog über Zeit.

Ein junger Ritter, Sir Beauface, taucht den Kopf in Merlins magische Schüssel und ist plötzlich, als er das Gesicht aus dem Wasser hebt, ein sehr alter Mann. Er erinnert sich an sein langes Leben. Die andern erschrecken, für sie ist ja nur ein Augenblick vergangen. Der altgewordene Ritter, Sir Beauface, stirbt. Dann kommt ein Zug von Menschen heran, fremdartig gekleidet, niemand kennt sie. Sie kommen aus der Wüste, von jenseits der Wüste. Sie fragen nach dem Ritter, der bei ihnen gelebt hat und der sie vor Jahren verlassen hat. Da erkennen die anderen, daß es Personen aus der Lebensgeschichte sind, von der Sir Beauface vor seinem Tod phantasiert hat.

O weh, wo sind verschwunden alle meine Jahr! Ist mir mein Leben geträumet oder ist es wahr?

Das Artus-Reich.
Konvention, Gleichförmigkeit, Wiederholung.
»Alles Erreichte trägt bereits den Keim des Todes in sich.«

Eine neue Generation:
Mordred und seine Brüder, der Orkney-Clan, zu dem auch der ältere Bruder, Sir Gawain, gehört.
Mordred, der illegitime Sohn von König Artus. Wegen einer Prophezeiung, daß durch Mordred das Reich zugrunde gehen wird, wollte ihn Artus kurz nach seiner Geburt ersäufen lassen. Alle Kinder auf dem Schiff, das Schiff wurde versenkt. Mordred entging dem Tod.
Die Vater-Sohn-Beziehung.
Artus hat Schuldgefühle. Mordred benutzt das.
– Das Schiff! Das Schiff!
Um Mordred sammelt sich eine Gruppe von heruntergekommenen, amoralischen, wilden Leuten. Keine »Ritter«. Der Clown ist wieder da, die alte kahlköpfige Hanne, Athleten, Schläger. Zarathustra.
Der Gral, ein unendlich schöner Ton.
In stillen, fast unbewegten Bildern die Geschichte des Grals: Der sterbende Christus am Kreuz, Joseph von Arimathia, der den Kelch hinhält, um das Blut Christi darin aufzufangen. Joseph von Arimathia mit seinen Gefolgsleuten an einem Tisch in der Wüste. Joseph von Arimathia, der den Kelch in erhobenen Händen hält, geht über das Meer auf Englands Küste zu.
(SS-Ideologie: die Gralslegende als Geheimlehre über die Letzten Ziele)
Morgane le Fay zeigt König Artus die Bilder, die Lancelot an die Wände des Turmes gemalt hat, als er dort in seinem Wahnsinn gefangen war: Bilder von Artus, Lancelot, Ginevra. Artus wehrt sich gegen den Verdacht, daß sein Freund Sir Lancelot ihn betrügt.

Merlin im Wald.
Er steigt auf einen Baum, verwandelt sich umständlich in einen Vogel, um Parzival, der durch den Wald reitet, zu locken. Parzival aber achtet nicht mehr auf die Stimmen der Vögel.
So verwandelt sich Merlin in einen Einsiedler, der am Wegrand rastet. Parzival reitet vorbei. Merlin sitzt am nächsten Kreuzweg, wieder reitet Parzival vorbei. Dann hängt Merlin mit dem Kopf nach unten am Baum, direkt vor Parzivals Gesicht. So kommen sie endlich ins Gespräch, über Gott, den Menschen, den Gral.
Etwas Grauenhaftes geschieht in dieser Zeit am Artus-Hof: Mordred und seine Brüder bringen ihre siebzigjährige Mutter und ihren Liebhaber, Sir Lamorak, um. Sie treiben zuvor ihre Späße mit den beiden Alten. Sir Lamorak macht in seiner Todesangst die Späße mit, er läßt sich als Lancelot schminken, er soll kämpfen, er ist nackt, sie geben ihm ein Schwert. Sie setzen ihn neben die nackte Mutter auf das Bett: das berühmte

Liebespaar! Agravaine schlägt der Mutter den Kopf ab. Sie sagen: Sir Lamorak, das Bett ist voll Blut. Du hast sie entjungfert. Nein, schreit Sir Lamorak, sie hatte viele Liebhaber vor mir, sogar König Artus, sie hat ihm ja Sir Mordred geboren. Sir Mordred steht weiß an der Wand. Lamorak zählt in Todesangst alle ihre Liebhaber auf. – Du beleidigst unsere Mutter! Sie stechen ihn tot.
Mordred wollte ein Heiliger werden.
Er stand als Knabe auf dem Steintisch im Garten und sah mit offenen Augen in die Sonne, wollte nicht blinzeln, bis ihm schwarz wurde. Wenn ich das aushalte, werde ich über dem Stein schweben.

König Artus ist entsetzt über die Bluttat, er vertuscht sie aber. Mordred: Warum vertuschst du sie? Wir haben etwas Außerordentliches getan!

Aufbruch zur Gralssuche.

4. Gralssuche

Der verlassene runde Tisch, die verlassenen Stühle. Einige Stühle sind umgefallen, als ob diejenigen, die darauf gesessen hätten, hastig aufgesprungen und davongegangen wären; einige sind mit der Lehne gegen die Tischkante gekippt, als ob diejenigen, die darauf gesessen hätten, ihren Platz für sich hätten reservieren wollen; einige Stühle sind umgekehrt auf den Tischrand gelegt, wie in einem Gasthaus, wenn nach Mitternacht die letzten Gäste gegangen sind. – Offene Türen, durch die ein kalter Wind hereinweht. Von weit her hört man eine Tür zuschlagen, dann noch eine. König Artus und Königin Ginevra sitzen frierend in Mäntel gehüllt in dem verlassenen Raum.
– Was schreibst du da?
– Ich schreibe mit dem Finger in den Staub.
(Sie wischt das geschriebene Wort – Lancelot – rasch wieder fort.)
– Erkläre mir nichts, Artus! Du hast mir alles schon erklärt! Sir Gawain hat es mir erklärt und Sir Lancelot hat versucht, es mir zu erklären. Er ist mit mir am Fluß entlang gelaufen und hat auf mich eingeredet: Vollkommenheit! Erleuchtung! Berufung! Er hat schließlich so geschrieen, daß ihm die Stimme versagte und er nicht weitersprechen konnte.
Artus:
Du weinst ja.

Edward Burne-Jones, Sir Galahad

Parzival / Gawain.
Parzival will allein gehen, den Gral allein suchen. Sie trennen sich.

Die Abenteuer Sir Gawains.

Klingsors Turm.

Hundert Fenster, hundert gefangene Frauen. Gawain will sie befreien. Er kämpft die ganze Nacht. Blut unter der Tür. Dann kommt er heraus, weißhaarig.

Die schöne Orgelouse, Gawain.
– Der Ritter mit dem Pfauenhut hat meinen Liebsten getötet.
Männerfeindin.
Das Fest.
– War ich denn schlimmer als der brüllende Löwe?
– War ich denn schlimmer als der Grüne Ritter mit dem Beil?
– War ich denn schlimmer als der Riese?
Ja, sagt Gawain jedesmal zur Orgelouse.
Sir Gawain bleibt bei Orgelouse.

Georg Baselitz, Die großen Freunde, 1965

Gawain hört rufen, geht an das Fenster.
Unten im Hof steht Parzival. Er will nicht heraufkommen.
Gawain:
Jetzt ist der Nebel weg, jetzt sehe ich dich! Leb wohl, Freund Parzival! – Da gehst du, ich sehe dich, wie du unter dem Sternenhimmel dahingehst, über die große Ebene hin.
(Schweigen)
Noch immer sehe ich dich.

Sir Lancelot trifft auf seinen Sohn Galahad. Wegen der Rüstung erkennen sie sich nicht. Sie kämpfen miteinander. Sir Lancelot ist seltsam gelähmt und Sir Galahad besiegt ihn. Dann erkennen sie einander und gehen zusammen in die Kapelle. Sir Galahad betet, Sir Lancelot schläft ein. So sieht Sir Lancelot den Gral nicht, der auftaucht und langsam durch den Raum schwebt.

König Artus reist mit Mark Twain incognito durch sein Reich und macht dabei schlechte Erfahrungen. (Musiknummer: Liebt ihn das Volk, liebt es ihn nicht?)

Die verwesenden Ritter. Gralsburg.

Parzival/Trevrizent.
Die Tür zur Hütte bricht auf. Der blutüberströmte Trevrizent, mit Ruten in der Hand, fällt heraus. Er fällt über Parzival hin, sie fallen auf die Erde.
– Bist du Trevrizent der Geschlagene oder bist du Trevrizent, der schlägt?
– Lege deine Finger in meine Wunden! Sie brennen! Sie brennen!

»Zwei Jahre und ein halbes
ritt Parzival durchs Land
er ritt auf schwarzer Erde
die Erde war verbrannt.

So zog er seine Straße
o Sonne Mond und Stern
lief immer schnurgerade
den Weg zu seinem Herrn.

Stand ihm ein Feind im Wege
er ging nicht drum herum
er schlug ihn mit dem Schwerte
sah sich nach ihm nicht um.

Und die ihn sahen reiten
oh Tod du kaltes Licht
sahn töten ihn und lachen
sein Lachen vergessen sie nicht.«

(Gott zwingen wollen durch Leiden)
Parzival:
Wie leicht es mir ist! Wie schnell ich dahingehe!
Parzival in einer Wolke von Schmetterlingen, er taumelt und lacht.
Trevrizent allein, er zieht seine blutige Menschenhaut ab, es ist Merlin.
Riesengroß in der Luft schwebend erscheint die Gralsburg.

Wald.
Merlin und die Nymphe Viviane. Merlins greisenhafte Lüsternheit.
Er soll seine Zaubersprüche verraten.
Viviane (Lolita):
– Ich würde zaubern, daß du von hier nicht mehr wegkommst.
– Das Fingerchen, das rosige Fingerchen, ich muß es streicheln, ich muß es küssen, ich muß es mir ins Ohr stecken.
Seine Zaubertricks, sie ist damit nicht zufrieden.
Er soll ihr sein Geheimnis verraten.
Er weiß, er wird ihr verfallen.

Auf dem Schneefeld.
Gletscher.
Parzival (ruft):
Galahad! Galahad!
(Über den Abgrund weg)
Zustand wie im Rausch, leicht, ohne Gewicht, taumelnd.
Die Wiese blüht. Der Schnee ist geschmolzen.
Karfreitagsmusik.
Parzival fällt hin.
– Ich stecke den Arm in den Schnee. –
Blanchefleur:
Du erfrierst!
– Gott will es, daß mein Arm rein ist!
– Du erfrierst!
– Zwei Jahre liege ich schon im Schnee, ohne zu erfrieren.
– Nur zehn Minuten!
(Über das gekochte Ei, über Zeit)
– Wer bist du?
– Ich bin es.
– Blanchefleur? Blanchefleur!
– Ich lege mich zu dir in den Schnee, damit du warm wirst.
(Sie legt sich zu ihm)
– Ich bin aufgestanden. Ich werfe mich in den Abgrund.
Galahad verglüht, als er die schwebende Schale in den Händen hält.
Parzival und Blanchefleur sehen es auf der anderen Seite des Gletschers.

Edward Burne-Jones, Die Verführung Merlins

Gralsburg.

Neugotischer Saal in einer Villa.
Gralssymbole, Gralsnachbildungen, Gralsburg als Lüster, Gral als Obstschale, Gral als Kaminschmuck. Parzival versucht sich zu erinnern.

Die Ritter kehren von der Gralssuche zurück. Wie aus einem Feldzug. Lügengeschichten, rätselhafte Geschichten, merkwürdige Zeichen. Rufe nach Merlin, er soll die Zeichen erklären.

Wo ist Merlin?
Merlin ist bei der Nymphe Viviane. Sie hat ihm das Geheimnis herausgelockt. Sie hat ihn in den Dornbusch gebannt. Er wird nie mehr herauskommen.

5. Untergang
Auf der einen Seite der Halle während des ganzen Aktes Vorbereitungen zu einer großen Schlacht, die der Untergang des Artus-Reiches sein wird.

a. Straße.
Mordred und der Orkney-Clan halten Artus auf, sie provozieren ihn. Er kann nicht mehr verhindern, daß man Lancelot in eine Falle lockt, um ihre Untreue zu beweisen.

b. Nacht.
Artus/Ginevra.
Sie soll mit ihm in die Kapelle gehen, um die Nacht über dort mit ihm zu beten. Ginevra sagt: Sie will vor dem Andachtsbild auf der Kommode beten. Artus zerbricht das Bild. Läßt sie allein. – Kurz darauf Lancelots Stimme: Ginevra! Ginevra! Lancelot steigt durch das Fenster herein. Er ist blutig von einem Kampf, jemand hat ihn angefallen. Der Orkney-Clan schlägt an die Türen. Lancelot versteckt sich. Die nackte Königin, das blutige Bettuch. Die Blutspur führt zu Lancelots Versteck. Lancelot erschlägt Sir Agravaine und entkommt. Mordred sieht Ginevra an: Ich habe die Königin noch nie so schön gesehen. Wie schade, daß mein Vater Sie morgen verbrennen muß, Madame.

c. Kapelle.
Artus liegt auf dem Gesicht und betet.

d. Prozession über die Galerie zur Kapelle.
Mordred und seine Leute, die Königin mit Stricken gebunden, zwei Knechte tragen das blutige Bettuch voraus.

Wie Merlin, der eitle Weise,
Bin ich armer Nekromant
Nun am Ende festgebannt
In die eignen Zauberkreise.

Festgebannt zu ihren Füßen
Lieg ich nun, und immerdar
Schau ich in ihr Augenpaar;
Und die Stunden, sie verfließen.

Stunden, Tage, ganze Wochen,
Sie verfließen wie ein Traum,
Was ich rede, weiß ich kaum,
Weiß auch nicht, was sie gesprochen.

Manchmal ist mir, als berühren
Ihre Lippen meinen Mund –
Bis in meiner Seele Grund
Kann ich dann die Flammen spüren.

Heinrich Heine

e. Dunkelheit und Stille.
Unruhe, Geflüster.
– Die Königin wird verbrannt!
– Die Königin wird verbrannt?
– Ja! Sie wird verbrannt!

Oben:

Artus auf der Galerie, hinter einer Säule. Sir Kay. Artus will nicht hinuntersehen, wo die Königin zum Scheiterhaufen geführt wird. Er ist schwach, er fällt hin. Er hofft, daß ein Wunder geschieht.
Kommt Lancelot und rettet die Königin?
An einer anderen Stelle der Galerie:
Mordred, fiebrig, will sie brennen sehen.

Artus/der Knabe Gareth, der sich im Vorhang versteckt hat. Dialog: der alternde König, verstrickt in unlösbare Konflikte, begegnet in Gareth, der ein Held werden möchte, seiner eigenen Legende.

Lancelot rettet Ginevra aus dem Feuer. Mordreds Brüder kommen im Kampf um, der tote Knabe Gareth wird hereingetragen. Von nun an ist Gawain auf Mordreds Seite, sie hetzen zum Krieg gegen Lancelot.

In dieser Nacht träumte König Artus, er säße auf einem hohen Berg und ringsum wären gewaltige Täler und Schluchten. Und als er die Augen öffnete, um hinunterzusehen, schwand der Berg, auf dem er saß, vor seinen Blicken und er bemerkte, daß er ganz oben vor dem Himmel auf einem Rad saß. Das Rad drehte sich langsam und nahm ihn mit hinunter, wo ein Sumpf war mit Kröten und Schlangen darin. Das Rad zog ihn durch den Schlamm, bis er auf der anderen Seite wieder heraufkam. Da war er mit Schlamm bedeckt, Schlamm tropfte ihm aus Haaren und Kleidern. Als ihn das Rad wieder in die Höhe gehoben hatte, wollte er schreien, denn er sah eine Frau in einem goldenen Stuhl auf einem anderen Berg sitzen, sie sah zu ihm hin. Er konnte aber nicht sprechen, ein Kröte war in seinem Mund, die kam nicht heraus, so sehr er auch würgte.

Joyeuse Garde.
Lancelot/Ginevra.
Der jämmerliche Moment der erfüllten Hoffnungen. Trauer.

Hoch oben eine winzige goldschimmernde Person, der alte Papst.

Wie Sir Lancelot die Königin an den Artushof zurückbringt:
– Sie soll angeblich einen Ölzweig in der Hand halten!
– Ja, sie hält tatsächlich einen Ölzweig in der Hand, was sich ein wenig albern ausnimmt.
Lancelot und Ginevra wie linkische Laiendarsteller, die man angewiesen hat, eine pathetische Szene zu spielen. Sie wirken hilflos und lächerlich.

Artus hat sich in den Teppich eingerollt. Schreit nach Merlin. Mordred redet ihm den Krieg gegen Lancelot ein.

Mordred der Usurpator.
Ginevra ist nun in Mordreds Hand. Mordred läßt schlechte Nachrichten über den Gang des Feldzuges gegen Lancelot verbreiten. König Artus sei gefallen. So usurpiert er das Reich, fordert Ginevra zur Frau: Mordred, der verachtete, illegitime Sohn will auf diese Weise über seinen Vater triumphieren. Jetzt muß noch eine große Szene der alternden Ginevra mit dem Intellektuellen Mordred kommen. Mordred ausgeliefert, ist sie von ihren beiden Männern enttäuscht: Lancelot, der lebenslange Liebhaber, hat sie zu Artus zurückgeschickt, anstatt um jeden Preis mit ihr zu leben; König Artus, der Freund, war Lancelot wichtiger als die Geliebte. Der Ehemann, Artus, hat immer gewußt, daß Lancelot ihr Liebhaber war, er hat es nicht verhindert, er hat es verdrängt. Mordred nun, der ihr Verderben will, sie aber zugleich liebt, erschreckt und fasziniert sie. Mordred:
... ehe der berühmte Leib verwelkt und verwest ...
Die gefährlichen Begierden. Sie liegt auf den Steinen.

(Lied)
Über Ginevra, wie sie am Schluß ins Kloster ging. Ihre Keuschheit.

In der Nacht vor der Schlacht.
Im Traum erscheint noch einmal Merlin. Aber was ist ein Traum?
Letzter langer Dialog Artus/Merlin.
Der Traum von der schöneren Art des Menschseins ist dahin.
(Der Mensch wird aber nicht aufhören, große utopische Gedanken zu haben)

Die Warnung vor der Natter.
– Aber du mußt dich vor der Natter hüten.
Artus:
Welche Natter?
Merlin (verschwindet)

So kämpften sie den ganzen langen Tag und hielten nicht inne, bis die meisten edlen Ritter auf der kalten Erde lagen. Noch weiter ging die Schlacht, bis die Nacht hereinbrach und hunderttausend Tote den Hügel bedeckten. König Artus geriet außer sich vor Zorn, daß seine Leute so hingemetzelt wurden, und blickte um sich. Da merkte er, daß von seinem ganzen Heer und allen seinen wakkeren Rittern nur noch zwei am Leben waren, nämlich Sir Lucas der Kellermeister und sein Bruder Sir Bedivere, und auch sie waren schwer verwundet. Barmherziger Jesus, rief der König, wo sind meine edlen Ritter geblieben? Wehe, daß ich je diesen schmerzlichen Tag erleben mußte, denn nun ist mein Ende gekommen. Aber, bei Gott, ich wüßte gern, wo dieser Verräter Sir Mordred steckt, der an all diesem Unheil schuld ist. Da gewahrte König Artus, wie Sir Mordred inmitten eines Haufens toter Männer auf seinem Schwert lehnte. Da packte der König seine Lanze mit beiden Händen, sprengte auf Sir Mor-

Artus (sieht sich suchend nach Merlin um):
Welche Natter denn? Welche Natter?

Durch das Publikum und in den Galerien hinauf bewegt sich eine Prozession dünner staubgrauer Nonnen (...) Die Nonnen geleiten Ginevra, über deren prächtig rotes Königinnenkleid ein dünner grauer Schleier geworfen ist, ins Kloster. Sie bewegen sich, während die Schlacht beginnt, von der Halle herauf über die Gänge und Treppen in die höchste Höhe, wo sie schließlich im Licht stehen.

Artus traut Mordred nicht, Mordred nicht Artus. Beide haben ihren Heerführern gesagt, wenn sie ein Schwert aufblitzen sehen, sollen sie losschlagen. Während die Unterhändler noch verhandeln, beißt eine kleine Natter einen Ritter in die Ferse, der Ritter zieht sein Schwert, um sie zu töten. Da blitzen auf beiden Seiten die Schwerter auf und die riesige Schlacht beginnt.
Die beiden Heere schieben sich langsam aufeinander zu.
Sir Galahad (Nijinski) erscheint nackt als Christus, will sie auseinander bringen. Er wird von gepanzerten Massen zerquetscht, von den Schwertern zerstückelt.
Die Heere schieben sich ineinander wie zwei riesige, langsame urweltliche Käfer. Es wird dunkel.

dred los und rief: Verräter, jetzt hat deine Todesstunde geschlagen! Als Sir Mordred König Artus hörte, rannte er ihm mit dem gezückten Schwert entgegen. Mit der Lanze stieß König Artus Sir Mordred unter dem Schild in den Leib, daß die Lanze über einen Klafter tief durch ihn hindurchfuhr. Als Sir Mordred spürte, daß er eine tödliche Wunde empfangen hatte, richtete er sich mit seiner ganzen Kraft auf und hieb mit dem Schwert, das er in beiden Händen hielt, seinem Vater einen solchen Streich seitlich gegen den Kopf, daß das Schwert Helm und Hirnschale durchschlug. Danach stürzte Sir Mordred tot zur Erde, und der edle Artus sank bewußtlos zu Boden; er kam zu sich, aber er verlor immer wieder die Besinnung. Er sah im Mondlicht, wie Plünderer und Räuber auf das Schlachtfeld gekommen waren, um den edlen Rittern Spangen und Perlen und kostbare Ringe abzunehmen. Wer noch nicht ganz tot war, den erschlugen sie um des Harnischs oder anderer Habseligkeiten willen.

Thomas Malory

Das entsetzliche Geräusch von Eisenplatten, die sich knirschend, malmend, kreischend ineinander schieben und brechen.

Früher Morgen, Nebel.
Das Schlachtfeld, ein riesiger Haufen aus Eisen und Blut.
Alle Ritter sind tot. Nur noch Mordred lehnt bleich an der Wand. Auf der anderen Seite hilft Sir Kay dem schwer verwundeten Artus sich aufzurichten. Die Madonna über seinem Haupt ist geborsten. Die Rüstung ist zerfetzt, ihre Teile hängen wie die zerbrochenen Flügel eines Käfers von seinen Schultern herab.
– Kay! Ich will zu meinem Sohn Mordred!
– Geh nicht, König! Deine Beine sind gebrochen! Du kannst nicht bis dorthin gehen.
– Ist dort mein Sohn Mordred?
– Ja, König!
König Artus kriecht mit großer Anstrengung langsam übers wüste Feld.
Mordred steht totenblaß an der Wand. Er hat sich die ganze Zeit nicht bewegt. Ohne ein Wort zu sagen, hebt Artus sein Schwert auf und schlägt Mordred tot.

Kay (singt ein Lied über die letzte Schlacht) ...

Kay trägt den sterbenden König Artus an die Küste.
Er soll das Schwert Excalibor ins Meer werfen.
– Was hat das Meer gesagt?
Kay hat das Schwert nicht hineingeworfen.

Ganz oben:
Ginevra in der Zelle.
– Hat er nach mir gerufen, Fräulein Ohnelüge? Hast du gehört, daß er nach mir gerufen hat?
Lancelots Stimme:
– Ginevra! Ginevra!
Lancelot rennt über die Galerien.
Fräulein Ohnelüge (schüttelt den Kopf)
Ginevra:
Du schüttelst den Kopf, aber ich dachte, ich hätte ihn rufen hören, als ich einen Augenblick aufhörte zu beten.

– Was hat das Meer gesagt?
Er hat das Schwert hineingeworfen. Ein weißer Arm ist aus dem Meer emporgetaucht und hat es ergriffen.

Avalon.
Die Apfelinsel. Auf Elfenbeinsäulen. Eine schwarze veneziani-

»Wir stellten uns vor: Wenn die Zuschauer nach der langen Merlin-Nacht die Halle verlassen, müßte ein riesiges Schwert aus dem schmutzigen Hafenwasser aufsteigen.«

sche Gondel kommt über die Elbe, sie ist blumengeschmückt, vier schöne Frauen, Königinnen, rudern König Artus nach Avalon.

Saallicht.
Früher Morgen. Der Leichenhaufen, rostig, blutig, Müll. Vielleicht sieht man noch Lancelot in den Galerien herumrennen, auf der Suche nach Ginevra. Vielleicht sieht man Ginevra im Kloster, sie stirbt, ohne mit Lancelot noch einmal gesprochen zu haben. Vielleicht taucht irgendwo Sir Rotschild auf, ruft nach Merlin, dem Entertainer.

Die heidnischen Götter kommen zurück.

Fünf Geschichten vom Gral

Utopia

Ja, sagte er, Sie haben richtig gehört mit Ihrem ängstlich aufnehmenden Ohr. Ich will den Tod abschaffen. Meine Absicht ist, das Risiko des Lebens auf das minimalste zu reduzieren, erst durch Kontrolle der Nahrung, durch Reduzierung der falschen Gewohnheiten, durch Herstellung des absoluten seelischen Gleichgewichts, durch Veränderung des Bewußtseins, durch Kontrolle und Regulierung der Bewegungsabläufe und dann – gleichzeitig, wie Sie sich denken können – durch Verhinderung des Tötens auf allen Gebieten, in Kriegen und auf juristischem Wege, was ja eine ideologische Form des Tötens ist, dann allmählich durch geistige Einflußnahme: durch Auflösung der Individualität, was aber nicht als Mangel empfunden werden wird. – Da schaffen Sie vielmehr das Leben ab, Herr Revolutionär, rief ich aus. Er sprach weiter, ich hörte seine Stimme noch, als ich die Treppe hinunterlief auf die laute Straße, wo die Sirene heulte, wo ein Unfall den Verkehr zum Stoppen gebracht hatte. – Tod, wo ist dein Stachel! schrie er mir nach, das bekannte Wort, das jeder lebende Mensch tagtäglich hersagt, um sich daran aufzurichten. Hölle, wo ist dein Sieg! Es wird in Zukunft den Tod nicht mehr geben!

Die geliebte Stimme

Ich habe ihn zum Sprechen gebracht nach fünfundvierzig Jahren. Er hatte nicht gesprochen bis in sein fünfundvierzigstes Jahr. Alle, die ihn kannten, kannten ihn also nicht von dem, was er dachte, sondern von dem, was er tat. Dann aber, plötzlich, sprach er, und zwar fließend, und zwar so, als ob er vierundvierzig Jahre Wörter in seinem Kopf gesammelt und geordnet hätte, die er jetzt auf einmal, da der Kopf geöffnet wurde, alle herausstieß, einen Tag und eine Nacht lang. Er redete aber in einer fremden Sprache. Er wußte nicht, daß ich diese Sprache nicht verstehen konnte, denn in seiner Sprache konnte ich ihm nicht sagen, daß ich ihn nicht verstand. Ich horchte nur auf den Klang seiner Stimme und war glücklich. Danach ist er wieder verstummt, für immer.

Der Hühnermann

Das Problem liegt nämlich darin, sagte er, daß der menschliche Körper abschüssig ist. Wo ist Platz für ein Huhn? Eins sitzt auf der rechten Schulter, eins sitzt auf der linken Schulter. Eins sitzt auf dem Kopf. – Kikeriki. Aber dann? Ich strecke den einen Arm aus: drei Hühner. Ich strecke den anderen Arm aus: noch mal drei Hühner! Aber dann? Ich kann ein Bein hochziehen, so daß der waagerecht gehaltene Oberschenkel eine Plazierungsfläche für ein Huhn, möglicherweise für zwei Hühner bildet. Durch das Waagerechthalten des freischwebenden Fußes kann ich ein weiteres Huhn bequem auf diesem unterbringen, so daß auch der Fuß damit einen Sinn bekommt. Das zweite Bein ist bei dieser Anordnung allerdings nur Stütze. Andere Möglichkeit: Ich gehe in die Knie, so weit, daß beide Oberschenkel waagerecht sind, und kann so, wenn ich die Knie etwas auseinanderspreize, auf jedem Oberschenkel ein Huhn, möglicherweise zwei Hühner plazieren. Leider muß man bei dieser Anordnung auf die eine Fußoberfläche verzichten, sagte er. Ist denn vielleicht die Fußsohle verwendbar? Ja! Wenn ich auf den Kniescheiben balanciere, dabei beide Füße hinten hochstrecke, und es mir gelingt, die Fußsohlen waagerecht zu halten: Platz für zwei Hühner! Das bedeutet aber Verzicht auf die zwei beziehungsweise vier Hühner auf den Oberschenkeln und natürlich auch auf das Huhn auf der Fußoberfläche. – Nun kann aber auch noch, sagte er, die Kraft meiner Kiefer sinnvoll angewendet werden, und zwar, indem ich einen starken Holzstab, den ich mir quer zwischen die Zähne schiebe, mit der ganzen Kraft meiner Kiefer festhalte. Je nach Länge des Stabes ergibt sich rechts und links vom Mund eine Plazierungsmöglichkeit für je ein Huhn beziehungsweise für zwei Hühner. Und wäre es nicht wundervoll, wenn ich einen Ring wie eine große Krone, nein, wie ein großes Rad, von dem mein Kopf die Nabe und also der Mittelpunkt wäre, an meinem Kopf befestigen könnte und wenn darauf, je nach Größe des Rades, weitere sechs, vielleicht sogar acht Hühner Platz fänden? Welcher Triumph für die Kunst! Dafür lebe ich!

Die Heimkehr

O wie wäre ich schrecklich in die Irre gegangen in meinem weißen Kleid! Wie schwer hätte ich zurückgefunden! Da habe ich meine Schneiderschere aus dem Täschchen genommen und Streifen von meinem Rock abgeschnitten, viele, viele Streifen. Diese Streifen habe ich auf den Asphalt gelegt und auf die unteren Zweige der Bäume gelegt und auf die Autos gelegt und auf die Büsche gelegt und auf die Luft zwischen den Häusern gelegt und auf den Pferdekopf gelegt, der schön stillhielt, und auf den Sperrmüllhaufen gelegt und auf die Taube gelegt. Ein langer Irrweg! Viele haben mich beobachtet, mit ihren Fingern auf mich gezeigt. O sie ist nackt! schrien die Kinder und Greise wie aus einem Mund. Ich hatte ja mein Kleid völlig zerschnitten, es war kein Fetzen mehr an meinem Leib. Aber ich habe den Weg zurückgefunden und war seelenvergnügt über all das Geschrei.

Aleijadinho

In seinem dreißigsten Jahr, als er gerade sein großes Werk begonnen hatte, entdeckte er, daß er von der Lepra befallen war. Er sah die weißen Flecken auf seiner Haut. Unbeirrt arbeitete er an den großen Steinskulpturen weiter, bis ihm die Finger taub wurden. Das Fleisch begann sich aufzulösen, Löcher und Kavernen bildeten sich. Als ihm die Hände beide abgefault waren, ließ er sich seine Werkzeuge an die Armstümpfe anschnallen, den Meißel links, den Hammer rechts. So konnte er weiterarbeiten. Als ihn die Beine nicht mehr trugen, schließlich Beine und Füße abgefault waren, kaufte er sich einen Negersklaven, dem hockte er auf den Schultern und arbeitete weiter. Zu dieser Zeit entstand ein figurenreicher Kalvarienberg. Er war nun der berühmteste Künstler Brasiliens, immer mehr Menschen, die seine Kunst bewunderten, kamen und wollten zusehen, wie er aus den Steinblöcken seine herrlichen Figuren herausschlug: Heilige und Verbrecher, Leidende, Soldaten, Engel und Tiere. Wegen seiner Verstümmelung nannte man ihn nun Aleijadinho: Krüppelchen. Als aber auch sein Gesicht immer mehr von der Lepra verwüstet wurde, abgefault die Nase, die Lippen, die Ohren, fanden die Zuschauer dies abstoßend, weil es sie an die Vergänglichkeit erinnerte, und sein Auftraggeber wollte, daß er die Arbeit einstellte. Aleijadinho aber ließ sich einen Ledersack anfertigen, darin zwei Löcher für die Augen, den zog er sich übers Gesicht. Schließlich war die Arbeit getan, der Kalvarienberg vollendet. Sein Schöpfer aber war nur noch ein Haufen Dreck und Gestank. Die Frommen und die andächtigen Bewunderer stießen das ekelerregende Bündel auf den Treppenstufen beiseite. Sein Kopf aber schrie das Lob Gottes, weil Gott ihn sein Werk hatte vollenden lassen.

Zwischen »es träumte mir« und »ich träumte« liegen die Weltalter. Aber was ist wahrer? So wenig die Geister den Traum senden, so wenig ist es das Ich, das träumt.

Theodor W. Adorno

Der Mensch ist für seine eigene Utopie nicht geeignet. Das ist das Drama.

Tankred Dorst und Ursula Ehler im Gespräch mit Joachim Lux

Als Sie 1990 den Georg-Büchner-Preis erhielten, haben Sie eigentlich keine Rede gehalten, sondern eine Phantasie über ein verlorengegangenes Manuskript von Georg Büchner entwickelt. Sie haben über etwas gesprochen, das es nicht gibt.
T. D.: Es gibt nichts, nur den Titel: »Pietro Aretino«.
U. E.: Die Braut hats verbrannt, sagt man. Vielleicht aus Prüderie, weil Aretino die »Kurtisanengespräche« und pornographische Gedichte geschrieben hat.
T. D.: Ich habe den gänzlich unwissenschaftlichen Versuch gemacht, das Stück »Aretino« zu entwerfen, wie es Büchner vielleicht geschrieben haben könnte. Meine Behauptung ist natürlich überhaupt nicht haltbar, aber ich denke, sie sagt etwas über Büchner und teilt etwas mit über mich. So ist dieser Versuch entstanden. Manchmal denke ich, ich sollte dieses Stück noch schreiben.
J. L.: *Vielleicht ist diese Rede ein Schlüssel für Ihre Arbeit. Sie haben über etwas geredet, das es nicht gibt, und Sie haben vor der hohen Akademie nicht theoretisiert, sondern phantasiert und gesponnen. Das ist auch sonst Ihre Art, sich Stoffe, Märchen und Geschichten anzuverwandeln und ihren Geheimnissen nachzuspüren. Das hat beinahe etwas Kindliches. Tankred Dorst und Ursula Ehler gehen im Wald spazieren, finden einen Stein oder Ast, einer hebt ihn auf, und die Phantasietätigkeit kommt in Gang ...*
T. D.: »Aretino« ..., es war eigentlich zunächst nur der Wortklang, mehr nicht. Es gibt Wörter, die suggestiv wirken. Was den Stoff dann in Bewegung brachte, war die Idee, daß Aretino den unmittelbar bevorstehenden Weltuntergang behauptet und publik macht.
U. E.: Der Anstoß für die Rede war sicher wieder einmal die Abneigung gegen Interpretationen.
T. D.: Ich wollte nicht die soundsovielste Rede über »Büchner heute« halten, sondern der Imagination dieses Autors nachspüren.
Ähnliches kann gelingen, wenn man einen großen Autor übersetzt. Als ich Molières »Eingebildeten Kranken«, »George Dandin« und »Der Geizige« mit Ursula übersetzt habe, spürte ich manchmal, was Molière an bestimmten Stellen gedacht hat, ich war in seiner Welt, ich war Molière.
U. E.: Man kommt ihm auf die Sprünge.
Menschen gehen unterschiedlich mit dem um, was ihnen begeg-

net. Man hört einen Klang, entdeckt einen Wurm unterm Stein oder wird nachts im Bett von einem unvermuteten Schatten überrascht. Die einen reagieren darauf gar nicht und beschränken sich auf die wahrgenommenen Fakten, andere werden von ihrer Phantasie fortgetragen. Der Schatten, der Klang, der Wurm lädt sich mit Welt und Geschichten auf.

T. D.: Das passiert manchmal so. Man muß zu dem Wurm, den man unter dem Stein findet, eine persönliche Beziehung kriegen, sonst funktioniert das nicht. Der Anblick löst vielleicht ein Gefühl aus, Ekel, oder ein Bild der Erinnerung, Kindheit, den Gedanken an Tod.

Es ist sehr ungewöhnlich, daß ein Autor, der zur sogenannten literarischen Hochkultur gehört, auch Kinderstücke schreibt. Ich kann mich nicht an Kinderstücke von Botho Strauß oder Heiner Müller erinnern.

T. D.: Nein, aber Strindberg, und Maeterlinck mit seinem »Blauen Vogel«! Strindberg hat drei oder vier schöne Kinderstücke geschrieben: »Schwanenweiß«, »Abu Casems Pantoffel«, »Glückspeter«.

U. E.: Das kommt daher, daß wir uns viel mehr für Geschichten interessieren als für Themen.

T. D.: Für Kinder zu schreiben ist lehrreich. Die Sache muß spannend erzählt sein. Wenn sie sich langweilen, zeigen sie das sofort, sie fangen an zu reden, sie gehen aufs Klo.

U. E.: Bei Peter Brook habe ich gelesen, daß er manchmal Kinder zu seinen Endproben einlädt, um zu prüfen, ob der Ablauf seiner Inszenierung funktioniert.

T. D.: Das Theater muß Geschichten erzählen, nicht Meinungen dialogisieren. Wir schreiben natürlich Stücke, die viel mit der zeitgenössischen Wirklichkeit zu tun haben, aber bei der Erfindung des Sujets spielt das zunächst eigentlich keine Rolle. – Der Dramatiker muß die Angel weit auswerfen.

U. E.: Man wird von Stoffen berührt, ohne im Moment genau zu wissen, warum. Das weiß man erst später.

T. D.: Ich habe die Rheinmärchen von Brentano gelesen, die ich sehr anregend fand. Daraus ist dann ein Stück entstanden, das allerdings mit Brentano nicht mehr viel zu tun hat: »Ameley, der Biber und der König auf dem Dach«. Brentanos Märchen leben vom Wort, pflanzen sich mit Wörtern fort; das ist wunderbar, gerinnt aber nicht zu Szenen. Eine andere Geschichte also! Wir haben »Ameley« geschrieben während der Zeit, als die Uraufführung von »Merlin« geprobt wurde.

U. E.: Sehr unruhig damals!

T. D.: Die Botschaft meines Stückes ist – wenn man überhaupt eine finden möchte –, daß die Umwege und Aufenthalte das Leben sind. Ameley muß an einen bestimmten Ort kommen, bevor es dunkel ist. Sonst reißt ihr die Eule den Kopf ab. Sie ist

Merlin in Wien

Herbst 1999: das Ende eines Jahrhunderts, eines Jahrtausends sogar, steht bevor. Und, wie immer, geht alles weiter, Neues fängt, unabhängig von willkürlichen Zeitmessungen, an. Theaterproben fangen an, neue Theaterdirektionen entwerfen, wie wir am Burgtheater, ihre bescheidenen und gelegentlich auch kühnen Pläne. Ein großer, mit weißem Papier ausgeschlagener Raum, an ein Atelier erinnernd, beschreibt sich im Laufe des Abends gewissermaßen selbst: mit den Farben des Lebens, von Blut und Geschichte, vor allem aber mit theatralischen Bildern, wie sie unterschiedlicher kaum sein könnten: Die Geburt des Zauberers Merlin etwa aus einer riesigen, sich in Richtung Publikum ergießenden Fruchtblase, das fast kabarettistische Zusammentreffen der Ritter mit behelfsmäßig lächerlichen Sitzgelegenheiten, der kühne Versuch, die Hermetik und Aseptik des Grals als technizide Sprachoper zu gestalten, wo utopisches Sehnen in höchste Künstlichkeit, vielleicht auch Lebensfeindlichkeit umschlägt, die Trommelwirbel und die Gesänge des Countertenors Galahad und schließlich der Stückschluß: In einem Schlachten ohne Ende wird die Bühne, die auch die Welt bedeutet, zerlegt und zerstört, bis nichts mehr von ihr übrigbleibt. All dies sind theatralische Bilder, die sich nicht als realistische Wirklichkeitsnachbildung verstehen, sondern aus dem Geist des Theaters Übersetzungen für die Bühne suchen, bis Merlins Atelier sich selbst zerstört hat.
Die an Shakespeare geschulte Regisseurin Karin Beier hat den ganzen »Merlin«, ohne wesentliche Erzählstränge zu opfern, an einem Theaterabend erzählt und durch die notwendigen Kürzungen einen Abend komponiert, an dem sich Tragödie und Groteske, stilles psychologisches Drama und Bildopulenz, Liebes- und

Machtspiele mit großem rhythmischen Gefühl abwechseln. So ist ein Theaterabend entstanden, der zu menschlichen Utopien nichts Aufbauenderes mitzuteilen hat als Skepsis – Skepsis gegenüber dem im 20. Jahrhundert besonders exzessiv zwischen großen Entwürfen und katastrophaler Brutalität hin- und hergerissenen Menschen. Dennoch siegt in dieser Aufführung das Theater in seiner Vitalität gegenüber der deprimierenden Aussage, und mit ihm – vielleicht – der es gestaltende Mensch.

Joachim Lux

Ihr irrt, indem ihr lebt; die ganz verschränkte Bahn / läßt keinen richtig gehen. Dies, was ihr wünscht zu finden, / ist Irrtum; Irrtum ists, der euch den Sinn kann binden. / Was euer Herz ansteckt, ist nur ein falscher Wahn. / Schaut Arme, was ihr sucht! Warum so viel getan / um dies, was Fleisch und Schweiß und Blut und Gut und Sünde / und Fall und Weh nicht hält? Wie plötzlich muß verschwinden / was diesen, der es hält, setzt in des Todes Kahn! / Ihr irrt, indem ihr schlaft; ihr irrt, indem ihr wachet; ihr irrt, indem ihr traurt; ihr irrt, indem ihr lachet; / indem ihr dies verhöhnt und das für köstlich acht'; / indem ihr Freund als Feind und Feind als Freunde schätzet; / indem ihr Lust verwerft und Weh für Wollust setzet, / bis der gefundne Tod euch frei vom Irren macht.

Andreas Gryphius

aber eine Trödelliese, die sich überall aufhält, viele Menschen trifft und schließlich mit einem ganzen Pulk am Ziel ankommt. Einerseits ängstigen die Szenen, weil sie sich zu immer neuen Aufenthalten verführen läßt, andererseits machen die Aufenthalte fröhlich, weil sie mit einem menschlichen Gewinn verbunden sind.

Sie suchen in den phantastischen Stoffen – Märchen, Mythen, Legenden – das Eigene.

T. D.: Märchen, Mythen – Zaubersteine auf dem Grund verschmutzter Flüsse ...

U. E.: Das Eigene ist meist das Ungelöste, das Schmerzliche ...

T. D.: ... oder Rätselhafte.

Ihre Büchner-Rede endet mit dem Satz: »Kunst bezieht seine ins Leben wirkende Kraft aus produktiven Irrtümern, solange ›bis der gefundene Tod uns frei vom Irren macht‹.«

T. D.: Der letzte Teil ist der Schluß des Gryphius-Gedichts »Ihr irrt, solange ihr lebt«.

U. E.: Das ist auch das Motto von »Auf dem Chimborazo«.

T. D.: Bis der gefundene Tod uns frei vom Irren macht.

Das klingt so gar nicht nach dem »carpe diem« von Ameley, sondern nach einer parzivalesken Reise der Qual.

Wenn man sich im Wald des Lebens oder seiner umherschweifenden Phantasien verirrt, kann das zwar sehr viel Spaß machen, man kann sich aber auch an den Dornen blutig stoßen oder sogar umkommen – mit einem ähnlichen Motiv fängt Dantes »Divina Comedia« an.

Ihr Leben ist das Schreiben. Es gibt Autoren, die das Schreiben als Qual empfinden, als harte körperliche Arbeit.

U. E.: Der Anfang ist schön, aber dann ...

T. D.: Ja, man kann auch krank davon werden. Wir sind in Ambach am Seeufer entlanggegangen, und ich habe Ursula erzählt, wie ich mir »Merlin« vorstelle, den ganzen, großen Plan.

Und dann muß man es »nur« noch schreiben.

U. E.: Dieses ganze Gerüst mit Leben füllen, mit Stimmen, mit Gelächter, mit Tränen und Geschrei. Und mit Stille.

T. D.: Die Stücke, die ich in meinem Leben geschrieben habe, sind meine Biographie. Das sind die Ereignisse, die Feste, Aufschwünge und Niederlagen.

U. E. (lacht): Und eine lange Liebesgeschichte.

Wofür lebt der Mensch?

Sie haben »Merlin« ungefähr zehn Jahre vor dem Büchner-Preis geschrieben, vielleicht das Stück, in dem sich Ihr Schaffen am deutlichsten bündelt. Ein großes theatrales Märchen über Irrtümer und die Suche nach Wahrheit.

König Artus fragt in »Merlin«: »Wofür lebt der Mensch? Wofür müht er sich ein Leben lang?« Gibt es in »Merlin«, gibt es für den Autor Dorst – auch nur ansatzweise – eine Antwort auf diese Frage?

T. D.: In Tschechows wunderbarer Erzählung »Eine langweilige Geschichte« stellt die Studentin, die dann eine erfolglose Provinzschauspielerin geworden ist, verzweifelt dem alten, kranken Professor kurz vor seinem Tod diese Frage. Der alte Mann ist unglücklich darüber, daß er ihr keine andere Antwort geben kann als: »Ich weiß es nicht.« Man stellt sich diese Frage immer wieder in den verschiedensten Lebensstadien.

Ich lebe – das ist vielleicht eine unzureichende Antwort –, um 45 Theaterstücke zu schreiben. Oder 46. So ist mein Lebensplan. Aber vielleicht sage ich morgen früh: um in Italien in Sonne und Schatten zu liegen.

U. E.: Der Gedanke, man müßte sein Leben ändern, beunruhigt die Menschen von Zeit zu Zeit.

T. D.: Und beflügelt sie auch.

Hat sich Ihre Antwort auf diese Frage seit Ihrer Jugend bis heute wesentlich verändert? Vielleicht auch abgeschliffen?

T. D.: Natürlich hat man in der Pubertät andere Vorstellungen vom Leben. Man läuft im Regen herum, ist wirrköpfig und fühlt sich unverstanden. Man will einsam und etwas Besonderes sein. Natürlich habe ich damals schon Stücke geschrieben.

John Kirby, A Death Foretold

Sie haben einmal erzählt, Ihr Vater habe auf die Rückseite eines Kinderfotos von Ihnen geschrieben: »Tankred, das heißt: der mit Besonnenheit Redende.«

T. D.: Ich habe keine Erinnerung an meinen Vater, er ist sehr früh gestorben. Sicher hat sich sein Wunschdenken in meinem Namen niedergeschlagen. Ich sollte etwas Vernünftiges, Besonnenes machen. Nur ist das Stückeschreiben nicht etwas so Besonnenes, sondern eher eine Verrücktheit. Seit meiner Kindheit, seitdem ich im Coburger Theater »Tasso« und andere Dramen gesehen habe und durch einen Riß in der Verdunkelung – das war im Krieg – oben an der Fassade ein Licht schimmern sah, da, wo ich den Dramaturgen vermutete, seitdem schreibe ich Stücke. Ich dachte, der Dramaturg da oben schreibt die unvollendeten Dramen der Weltliteratur zu Ende, Grabbe, Hebbel, Grillparzer ...

Wie es wohl damals meinem Lebensgefühl entsprach, waren meine Helden Einsame, Verlorene, Untergeher sozusagen. Nicht Sieger. Heute denke ich manchmal: Warum mache ich diese anstrengende Arbeit immer weiter, mit der Angst vor dem Mißlingen, mit dem Verzicht auf einen ruhigen Schlaf, warum setzt man sich immer wieder Urteilen aus? Man könnte es sich leichter machen und Schafe züchten.

... falls das leichter ist.

Ein Thema von »Merlin« ist auch der Wunsch, ein Held zu sein. Als Jugendlicher, habe ich gelesen, wollten Sie sich opfern, auf Ihre Weise auch ein Held sein ...

T. D.: Na ja, Held ... Das war natürlich pubertäre Eitelkeit: der Einsame, in dem Großes vorgeht. Ich hatte Hölderlin gelesen, viele Gedichte konnte ich auswendig: »Du kömmst o Schlacht, schon wogen die Jünglinge hinab ins Tal, wo keck herauf die Würger drängen ...« Zu den Würgern zählte ich mich nicht.

Daß dieser hochgemute Opfersinn einer verbrecherischen Sache diente, ahnte ich damals, mit fünfzehn, nicht.

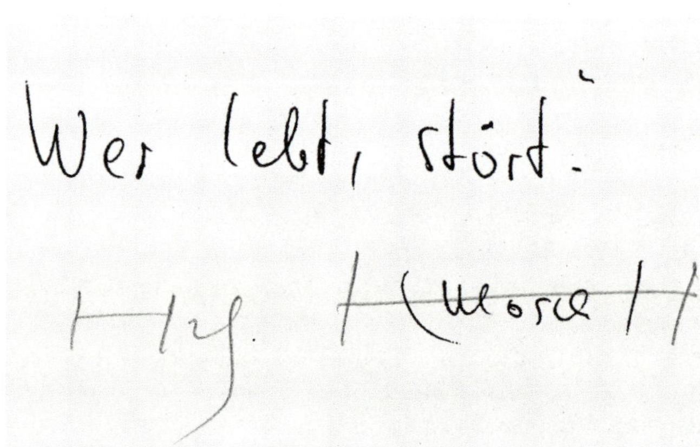

U. E.: Sir Gareth in »Merlin« ist so ein Fünfzehnjähriger. In dem Stück werden alle älter, er bleibt fünfzehn, er bleibt das Kind.

T. D.: Krieg ist eine Art Abenteuer – besser als Schule, habe ich wohl gedacht, und wenig später mußten wir die Leichen aus den zerbombten Häusern in Nürnberg ziehen.

Und an die Westfront.

T. D.: Zufällig habe ich überlebt. Vier Wochen war ich im Krieg, dann in Gefangenschaft, über drei Jahre in England und Amerika. »Meine Entdeckung Amerikas« – das will ich noch schreiben. Die Gefangenschaft war meine Lehrzeit. Nie wieder habe ich mit so vielen verschiedenartigen Menschen zusammengelebt, 200 in einer Baracke. Ich war damals immer der Jüngste und mußte den Mund halten, so habe ich alles gesehen und gehört.

Nun hat Sie persönlich der Absturz des träumenden Jugendlichen in die brutale Wirklichkeit geführt, nicht in den romantischen Tod. War dieser Absturz ein zentrales persönliches Erlebnis, das Sie skeptisch gegenüber Utopien und Idealismen gemacht hat? Wurde Ihrem Idealismus die Speerspitze zugunsten eines »gesunden« Realismus gebrochen?

T. D.: Das sieht man in fast allen meinen Stücken. Auch im »Merlin« gibt es eine starke Skepsis gegen Utopien. Trotzdem glaube ich, daß man ohne Utopie oder, bescheidener formuliert, ohne einen Lebensentwurf gar nicht leben kann. Man steht schon morgens mit einer kleinen Utopie auf: hat sich verabredet, plant ein Projekt, eine Reise. Deswegen putzt man sich die Zähne und bleibt nicht im Bett liegen. So ist das menschliche Leben.

Gibt es für Sie jenseits der kleinen Pläne so etwas wie Gralsmomente? Ein Leuchten, das vor lauter Helligkeit blind macht, etwas, das Pflichten und Mühsal überschreitet? Die Ritter fragen sich das gleiche, als sie von ihrer vergeblichen Gralssuche zurückkehren.

T. D.: Ohne Schrecken an sich selber denken.

PARZIVAL: Ich habe keinen König, ich habe kein Land, ich komme von nirgendwo.
SIR BEDIVERE *ruft von oben*: Den kenne ich doch! Der ist doch aus dem Wald gekrochen und hat uns angebellt! *Er bellt, und die ganze Gesellschaft bellt und kläfft.*

Wüstes Land / Skepsis

Hatte Ihre skeptische Haltung gegenüber Utopien auch Folgen für Ihr Verhältnis zu den Achtundsechzigern, bei denen die verstiegenen oder auch nicht verstiegenen Träume explodierten?

T. D.: »Die Revolution auf der Bühne verhindert die Revolution auf der Straße« – so wurde damals diskutiert und agitiert. Mein »Toller«-Stück kam 1968 heraus, gerade als die Idee einer linken Revolution die Phantasie so vieler junger Menschen beschäftigte. Das war ja auch im Theater eine wilde Zeit. Aber

Verhindert die Revolution auf der Bühne die Revolution auf der Straße? 1969 war »Toller« in Amsterdam ein Skandal.

Agitprop mochte ich nicht schreiben, das wurde mir damals manchmal verübelt. »Toller« behandelt, wie »Merlin«, eine gescheiterte Utopie. Die Utopie von einer friedlichen, humanen Räterepublik, die blutig zu Fall gebracht wurde. Früher, in der Zeit meiner Gefangenschaft, hatte ich die Stücke von Ernst Toller, Georg Kaiser und andere Dramen des Expressionismus mit großer Begeisterung gelesen. Als ich dann in den sechziger Jahren »Toller« schrieb und mich an seine Stücke und an seine Memoiren »Eine Jugend in Deutschland« erinnerte, war ich kritischer geworden. Ich schrieb mehrere Fassungen, schließlich ist es ein offenes Stück, eine Art Revue geworden – ich sah und beschrieb nun die Haltung Tollers, des expressionistischen Dichters in dieser politischen Situation, mit eher kritischer Sympathie. Die Selbststilisierung Tollers blieb mir fremd, ich wollte sie kritisieren, ich setzte sein revolutionäres Pathos gegen realistische Szenen. Toller wurde so zu einem Schauspieler, der die starke Situation braucht, um zu sich selbst zu kommen.

Und Merlin?

T. D.: Merlin ist kein Idealist.

Wieso? Er läßt doch die Tafelrunde gründen.

T. D.: Wir hatten für dieses Stück die Vorstellung von zwei Wel-

»Hervorgelockt von dem wüsten Geschrei und der kreischenden Musik tauchen nun hier und da und dort die heidnischen Götter aus ihren Verstecken auf: die glimmenden stummen kleinen Ängste, die dicken blinden Flußgötter, die ihre schleimigen Köpfe aufheben, die Nebelfeen, das Totengeschrei, die kleinen Waldgötter mit den klebrigen Zungen, der große Waldgott, die Erdgötter, die sich überall aus der Erde stemmen wollen, das wirbelnde Licht, die drei grauen Dämmerungsfrauen, die vogelschnellen Gedanken, der schöne Gott des Sommers, der Herbstgott mit dem schweren Flügel, die gesichterlosen Schlafgeister.
Jetzt taucht Merlin auf, er springt und tanzt, er lacht und wälzt sich mitten unter ihnen.«

ten: den Wald, das Abenteuer, das Unbehauste, Irrationale und, im Gegensatz dazu, die Burg, das von Menschen Gebaute, Geordnete – die Gesellschaft.

U. E.: Merlin ist ein Zwischenwesen. Er gehört nicht zur Ritterwelt, und er gehört auch nicht ganz zur Naturwelt.

Im Artusstoff ist für die Menschen seit jeher der Traum von einer besseren Welt, einem Goldenen Zeitalter mit einem sagenumwobenen König, aufgehoben. Artus galt in Zeiten, wo Mord und Totschlag herrschte, als utopischer Friedenskönig. Ein Modell für die Zukunft, das äußerst tröstlich in der Vergangenheit schon einmal zu existieren schien. Sie aber zeigen in »Merlin« wie in »Toller«, daß utopisches Glück nicht möglich ist.

T. D.: Im Tisch der Tafelrunde tickt der Wurm von Anfang an.

Christlich formuliert: der Sündenfall. Der Mensch ist nicht vollkommen, und Artus' Frau, Königin Ginevra, verliebt sich in einen anderen, in Lancelot.

U. E.: Merlin gründet die Tafelrunde nicht selbst, er läßt gründen und hat die falsche Besetzung.

T. D.: Merlin ist eine Mischung aus einem Visionär und einem Entertainer. Jeder Künstler ist in gewissem Sinne auch ein Entertainer, meine ich. Er ist neugierig und voller Experimentierlust. Merlin ist der Prototyp des Regisseurs, der die Phantasie

Die Vertreibung aus dem Paradies

und die Kraft hat, andere Menschen auf den Weg zu bringen. Aber das wird plötzlich zum moralischen Problem. Was ist der richtige Weg? »Sei du selbst!« Aber was ist das Selbst? Vielleicht zeigt sich da ein Verbrecher? Merlin bringt die Menschen in verschiedene Situationen, beobachtet, wie sie damit fertig werden, versucht, sie auf ein Ziel hinzulenken – auf seine Utopie.

Die Kehrseite von Utopien ist das apokalyptische Denken. Sie haben an einigen Stellen Ihres Werkes und auch im Titel den Begriff des »Wüsten Landes« benutzt. Er greift ein Gedicht von T. S. Eliot auf, das dieser unter dem Eindruck des Ersten Weltkriegs geschrieben hat.

Zu Max Klingers Bild »Die Vertreibung aus dem Paradies«, das in Ihrer Jugend eine große Rolle spielte, schreiben Sie: »Das helle, steinige, wüste Land, in dem wir zu leben gezwungen sind.« Und in einem Gespräch von 1989 taucht der Begriff wieder auf: »Die Erde ist ein wüstes Land, über das ein dünner Teppich von Zivilisation, Moral, Konvention gezogen ist, und wenn der weg ist, dann findet sich darunter wieder das wüste Land, das Nichts, der Felsen, der Stein.« Von hier ist es zu Heiner Müllers pessimistischer Sicht der »Welt als Schlachthaus« nicht weit.

T. D.: Ich bin sicher nicht der einzige, der an die Schrecken der Welt denkt. Sie werden uns immer wieder vorgeführt.

Was aber hat Sie ursprünglich zu dem Bild der Erde als »Wüstes Land« gebracht? Man folgt mit solchen Bildern doch oft sehr frühen Dispositionen. Spricht da die Nachkriegsgeneration, die von den Erfahrungen von Auschwitz und dem Zweiten Weltkrieg nicht absehen kann und will?

T. D.: Ja. Das ist nun mal unsere kollektive Biographie. Als ich damals nach Deutschland zurückkam, war ich fest davon überzeugt, daß ich mein ganzes Leben in Trümmern und Ruinen verbringen würde. Ich konnte mir überhaupt nicht vorstellen, daß diese großen zerstörten Städte jemals wieder aufgebaut würden, daß Häuser in einer Reihe stehen und Licht aus den Fenstern leuchten würde. Und wie sollte eine neue zivile Ordnung funktionieren? Am ländlichen Westfalen – dort ging ich 1950 wieder zur Schule, um das Abitur nachzumachen – war die Weltgeschichte zwar fast spurlos vorbeigegangen, aber Nürnberg, Köln, Würzburg ... das Ausmaß der sichtbaren Zerstörung war entsetzlich. Alles lag in Trümmern. Es fällt schwer, sich das heute vorzustellen.

Zu dem Klinger-Bild noch: Es hing im Arbeitszimmer meines Vaters auf dunkelblauer Tapete. Mein Vater war zwar tot, aber sein Arbeitszimmer sah noch genauso aus wie zu seinen Lebzeiten. Da stand noch der Globus, da hing ein Bild von der Caravelle des Kolumbus, die »Melancholie« von Dürer, und eben das Klinger-Bild. Es hat sich mir sehr eingeprägt. Ich dachte: wo kommen die beiden, Adam und Eva, her? Das Blatt ist wie ein Vexierbild, auf dem man nicht gleich alles erkennen kann. Hinten steht ein Engel, den man nicht sofort bemerkt: er wirkt, als sei er aus dem Stein herausgelöst. Und das Paradies dahinter sieht auch nicht paradiesisch aus. Man sieht Steine und einen staubigen Baum und staubige Büsche. Und vorn sieht man außer dem Paar und dem Schatten des Paares, das einen eigenartigen Klumpen bildet, gar nichts ... Vielleicht gibt es das nur in der Kindheit, daß man von einem Bild so tief und dauerhaft beeindruckt ist. Es ist dann eben nicht nur ein Bild, es ist eine erlebte Situation. Das kann auch für ein Gedicht gelten, und natürlich für Musik. Der »Kornett« von Rilke hatte für mich damals eine ähnliche Bedeutung – das ist heute nicht mehr zu verstehen. Ein Buch aber, das mein Leben innerlich wirklich verändert hat, war »Der Zauberberg«. Ich habe es in der Gefangenschaft, als ich 18 war, gelesen. Mit Naphta und Settembrini habe ich gelebt und gestritten, mit Hans Castorp habe ich mich identifiziert – das Buch hat mir damals die Welt geöffnet, verrätselt und erklärt.

»Der Zauberberg« ist auch ein großartiges Bild für eine morbide, dem Untergang geweihte Welt.

T. D.: Ich frage mich manchmal: Was geht eigentlich unter, wenn man von Untergang spricht. Das Römische Reich ist untergegangen, andere Imperien, Nazi-Deutschland ist untergegangen, die Sowjetunion ist untergegangen, aber nicht so, wie die Titanic untergegangen ist: die Menschen haben weitergelebt. Und haben Neues gedacht.

»Merlin« ist ein sehr langes Stück. Am Tag der Uraufführung bin ich mit dem Zug von München nach Düsseldorf gefahren. Es war ein schöner Sommertag. Als der Zug durchs Altmühltal fuhr, dachte ich: jetzt fängt das Stück an, es ist drei Uhr. Der Zug hielt in Würzburg, und ich dachte: jetzt sieht Lanzelot Ginevra zum ersten Mal. Ginevra mit den grünen Augen. Der Zug hielt in Frankfurt. Jetzt geht Merlin um die Tafel herum und beugt sich zu jedem Ritter hin und flüstert ihm ins Ohr. Die Gralsuche – wie hat der Regisseur diesen Aufbruch inszeniert? Der Bahnhof von Mainz. Ist die Pause schon vorbei? Sind die Zuschauer noch darauf gespannt, wie es weitergeht, oder sind schon welche nach Hause gegangen? Der Zug fuhr am Rhein entlang. Jetzt kommt Mordred an die Macht. Und als ich endlich in Düsseldorf ankam und zum Theater ging, fand ich den Platz davor ganz leer und still. Im Foyer packten zwei Kamerateams ihre Geräte ein. Die letzte große Pause war gerade vorbei. Ist denn das Publikum noch drin? Ja. Alle. Wie ist die Stimmung? Was haben die Leute gesagt? Sehr gut! Wir haben einen kleinen Jungen gefragt und eine alte Dame, und beiden gefiel es. Ich ging beruhigt ins Hotel. Eine so lange Reise, und das Stück ist noch immer nicht zu Ende.

T. D.

Ende von Utopien

Herr Dorst, Sie haben »Merlin« vor zwanzig Jahren geschrieben, Anfang der achtziger Jahre wurde es uraufgeführt. Lebensgefühl und Zeitklima haben sich seitdem erheblich verändert. Gibt es Motive, Szenen, Dialoge in dem Stück, die Sie heute weglassen würden, Akzente, die Sie anders setzen würden?

T. D.: Das Stück ist seither immer wieder und in vielen Ländern aufgeführt worden. Einige Aufführungen haben wir auch gesehen. Sie waren natürlich sehr unterschiedlich, weil der Blick der Regisseure auf das Drama in verschiedenen Ländern und zu verschiedenen Zeiten unterschiedlich war.

Nicht in Ihrem Sinne?

Ein Theaterstück lebt davon, daß sich eine andere Phantasie, ein anderes Denken darauf einläßt. Ich als Autor sehe keine Notwendigkeit, etwas zu ändern oder »auf den heutigen Stand« zu bringen. Lieber ein neues Stück schreiben.

U. E.: Und finden Sie, daß sich das Lebensgefühl mit den Jahren so sehr geändert hat?

Ja, das finde ich schon. Ich denke, daß der Utopismus und sein negativer Spiegel, das apokalyptische Weltempfinden, damals in der Anti-Atomkraft- und Öko-Bewegung beheimatet, extrem zurückgegangen sind. Heute hat man sich viel stärker in den Verhältnissen, wie sie nun einmal sind, eingerichtet. Man hat heute – wie auch immer man das bewertet – einen viel größeren Realismus gegenüber den Lebensverhältnissen.

U. E.: Eigentlich hat man immer und mit Recht das Gefühl, daß es so nicht weitergeht. Die Welt geht unter, seitdem es sie gibt.

Berechtigt oder nicht, es ist nahezu unmöglich, sich seelisch

URAUFFÜHRUNG
MERLIN
ODER DAS WÜSTE LAND
VON TANKRED DORST
1. Teil:
Die Tafelrunde
2. Teil:
Der Gral/König Artus' Tod
Ab 24. 10. 1981 im Düsseldorfer Schauspielhaus

»Merlin« in Afrika. Bilder der Aufführung in Yaoundé/Kamerun und in Lagos/Nigeria

dauerhaft in Untergangsgefühlen einzurichten. Und nicht nur die Zeit, auch man selbst verändert sich. Die Untergangsängste von Zwanzig-, Vierzig- oder Sechzigjährigen unterscheiden sich doch sehr stark voneinander.

U. E.: Wie alt sind Sie?

Ich kenne die Gefühle der Zwanzig- und Vierzigjährigen ein bißchen ... Schweißtreibende existentielle Untergangsgefühle schleifen sich ab, man wird gleichmütiger und denkt: na gut, das ist jetzt eine neue Krise.

T. D.: Wer ist der, der ich gestern war?

U. E.: Zur Entstehungszeit des Merlin-Stückes gab es das sozialistische Gesellschaftsmodell in halb Europa und der Welt noch als real existierenden Sozialismus in verschiedenen Staaten. Die Diskrepanz zwischen Utopie und Realität – es war ja die letzte große Gesellschaftsutopie – hat uns immer schon beschäftigt. An einen so schnellen Zusammenbruch des Systems dachte niemand, aber es war sicher kein Zufall, daß schon kurz nach den ersten deutschen Aufführungen in einigen damals noch kommunistischen Ländern starkes Interesse an dem Stück bestand, es gab Verbote und Aufführungen.

Der Theaterkritiker Georg Hensel sieht »Merlin« als ein Weltmodell für »das Verenden von Utopien überhaupt, seien sie nun christlich oder sozialistisch oder pragmatisch-demokratisch« – Sind Sie Chronisten dieser Vorgänge, mehr nicht? Haben Sie sich mit »Merlin« auch von eigenen Hoffnungen verabschiedet?

T. D.: Ich habe nie recht geglaubt an Entwürfe, die ein für allemal die Widersprüche der Welt lösen wollten.

Der Sozialismus ist mittlerweile zusammengebrochen, und die

A FEW YEARS AGO
A FRIEND OF MINE
TOLD ME HE WAS
"NOSTALGIC FOR THE FUTURE".
I HAVE NOT SEEN HIM
SINCE THAT DAY.

Welt wird mehr oder weniger von der Börse regiert. Das ist die Realität, mit der wir uns auseinanderzusetzen haben. Man träumt heute weniger als vor zwanzig Jahren. Die Träume sind abgeschnitten. Die gesellschaftliche Nische dafür fehlt, und die Realität ist, wie sie ist. Es gibt nicht einmal eine verkommene Insel der Seligen, die man wiederentdecken und kultivieren könnte. Insofern, finde ich, hat sich das Klima gegenüber der Entstehungszeit von »Merlin« schon verändert.

T. D.: Eine Zeitlang scheint etwas wahr zu sein, dann ist es eines Tages nicht mehr wahr.

Zur Zeit werden die Achtundsechziger für ihren Utopismus geradezu höhnisch abgestraft.

U. E.: Es fällt ja einigen Leuten verständlicherweise schwer zu verstehen, daß sie selbst tatsächlich mit einer Eisenstange in der Hand mitten in Berlin oder Frankfurt auf der Barrikade standen.

T. D.: Waren sie es oder war es ein anderer? Die Zeit geht durch den Menschen hindurch. Das ist ein wichtiges Motiv in »Merlin«, das Altern von Ideen. Manche werden schnell alt, manche langsam, manche bleiben.

U. E.: Bei ihrer Entstehung sieht man ihnen das nicht an, sie scheinen objektiv wahr und für alle Zeit gültig zu sein.

T. D.: Dieses Motiv findet sich auch in anderen Stücken wieder, zum Beispiel in »Eiszeit« und in »Schattenlinie«. Was mich besonders ärgert, ist die vage idealistische Haltung mancher Intellektueller, die ich lediglich für bequem halte. Man muß sich wenigstens auf der Höhe des Konflikts bewegen, wenn man den Mund aufmacht.

U. E.: In den sechziger und siebziger Jahren gab es den ange-

Die Schattenlinie

»Hört denn niemand das Geschrei ringsumher? Der ganze Erdball ist erfüllt davon. Die Mauern sind zwar gerade noch fest genug, um es den Ohren fernzuhalten, aber wenn jemand ein Fenster aufstößt, dringt es herein. Wenn jemand den Fernseher anknipst, springt es die Familie, die es sich in ihren Sesseln bequem gemacht hat, an. Wenn man nach draußen geht, muß man sich die Hände auf die Ohren legen, es sei denn, man hat zufällig den Stöpsel vom Walkman im Gehörgang stecken. Überall sieht man die Leute mit den Händen auf den Ohren durcheinanderrennen wie auf einer wirren Flucht. Manche werden von Schüssen zu Boden gerissen, aber man kümmert sich nicht um sie. Auf den Dächern stehen Scharfschützen und zielen auf Passanten. Sie verbergen sich nicht einmal, im Gegenteil, man kann ihren Umriß vor dem hellen Himmel sehr deutlich sehen. Wie schwarze Engel stehen sie da oben. Auf Plakaten hat die Regierung gewarnt: Bürger, seid vorsichtig! Aber wie soll man sich schützen? Niemand kennt ja den Feind. Es wird zwar immer wieder verbreitet, man könne ihn an gewissen Zeichen erkennen. Das erweist sich aber jedesmal als Irrtum. So ist behauptet worden, vor Leuten mit Helmen müsse man sich in acht nehmen. Andere sagen, die Hautfarbe müsse man beachten, Schwarz sei gefährlicher als Weiß, oder umgekehrt. Oder an der Sprache könne man die Gefährlichkeit erkennen. Wenn die Laute hart sind, bellend oder schnarrend: Vorsicht! Nein, sagen andere empört, gerade eine sanfte, eher angenehme Sprechweise gibt Anlaß zur Wachsamkeit, die Mörder sind tückisch. Falsch, falsch, nur die Armen sind gefährlich. Aber die kann man erfreulicherweise leicht identifizieren. Nein, viel gefährlicher seien die Reichen, man solle sich nicht etwa vor ihnen sicher fühlen, weil es nur wenige sind! Vieles wird gesagt, aber niemand spricht aus, daß in Wahrheit eine immer mehr um sich greifende Lust am Töten, eine fiebrige Gier, alles, was geschaffen ist, wieder zu zerstören, die Ursache ist, daß Städte in Trümmer fallen, Brückenpfeiler einknicken, hundertstöckige Bauwerke in sich zusammenstürzen, zerhackte, zerstückelte Menschen mit Lebenden zusammen in Kalkgruben gekippt werden. Die Geräusche des Schreckens und der Gewalttaten sind während der folgenden Handlung immer wahrzunehmen, manchmal deutlich und von ganz nah, manchmal nur von fern, wie der Nachhall oder der allmähliche Beginn schrecklicher Ereignisse.«

nehmen Zustand, daß man glaubte, die Wahrheit, eine Welterklärung, wirklich finden zu können, man war so schön aufgehoben in einer großen Idee. Heute muß jeder seinen eigenen Weg suchen und die dazu nötigen Entscheidungen treffen.

Veraltete Ideen / Achtundsechziger

Menschen fallen dadurch, daß sich die Zeit mehr verändert als sie selbst, aus der Zeit heraus und finden sich nicht mehr zurecht. Das ist, wie ich finde, fast ein Topos innerhalb Ihrer Dramatik. Es gibt zwei Philosophen, die sich auf unterschiedliche Weise mit diesem Phänomen beschäftigt haben: Günther Anders hat schon vor Jahrzehnten von der »Antiquiertheit des Menschen« gesprochen und meinte damit, daß die Menschheit permanent Erfindungen macht, deren Konsequenzen sie nicht bewältigen kann. In den neunziger Jahren war der Franzose

»Merlin« in Stockholm 1995

Paul Virilio sehr populär, der sich mit der Dromologie, d.i. die Lehre von der Geschwindigkeit, beschäftigt hat.

Es geht immer wieder um das Verhältnis des Menschen zur Zeit bzw. um die Schwierigkeit von Menschen, ein angemessenes Verhältnis zur momentanen Wirklichkeit zu finden. Der Künstler-Utopist Merlin zieht sich am Schluß in den Dornbusch zurück, andere fallen auf andere Weise aus der Zeit.

Exemplarisch würde ich gern auf zwei Stücke und Themen zu sprechen kommen: Auf den Siegeszug des Kapitalismus und ihr Stück »Herr Paul« und auf »Die Schattenlinie«, wo sie sich mit einem Achtundsechziger beschäftigen. In »Schattenlinie« sitzt ein Altachtundsechziger, der nicht mehr mit der Welt zurechtkommt, schließlich in einem abgewrackten Campingbus auf der Müllhalde. All die Hoffnungen, mit denen er einmal angetreten ist, sind gescheitert.

T. D.: Er paßt sich nicht an. Ich denke, es ist die Tragödie der Konsequenz.

»Merlin« in Basel 2000

Kein wüstes Land breitet sich katastrophenbunt und untergangsselig aus, sondern drei nackte Zimmer stehen schmucklos nebeneinander, mit je einer Bürotür dazwischen. Darin Merlin, Lancelot, Mordred, Ginevra und Gefolge in Anzug und Kostüm von heute: schneidende, sachliche, schnelle Zeitgenossen. Keine Bewegung ist zuviel, kein Gefühl wird verschwendet, von Ginevras entdecktem Ehebruch bleibt nur ein hektisch-geiles Gezappel. Die Augen der Schauspieler gehen immer geradeaus in Richtung Publikum, über jeden Zuschauer hinweg. Die illusionslosen Unternehmensritter erledigen sich wie Figuren im K.o.-Schach. Bachmanns »Merlin« brilliert nicht mit apokalyptischem Brimborium, sondern er macht das Ende der Utopien daran fest, was daraus folgt: eine von keiner menschlichen Regung mehr getrübte Kausalkette, an die sich jeder hängt, weil es sonst nichts zu gewinnen gibt. Und an der alle aufhängen kann, wer Gefühle dazu hat. Eine knappe Stunde dauert der letzte Teil, der Quantensprung von den verträumten achtziger Jahren in eine globalisiert beschleunigte Gegenwart, deren dynamische Zweckrationalität noch seine Protagonisten im nächsten Augenblick skalpiert.

Franz Wille

U. E.: Dieser Mann hat prinzipiell recht. Trotzdem wirkt sein Verhalten zerstörerisch auf seine Umgebung.

T. D.: Die meisten Menschen gerade in unserer Umgebung verhalten sich inkonsequent.

U. E.: Man sagt das eine und tut das andere.

T. D.: Wenn der Zeitgeist sich geändert hat, passen sich die meisten an, schon allein um nicht rückständig zu wirken. Der Konformismus, den wir ja verachten, ist, anders betrachtet, fast wie ein Naturgesetz. Die Pflanze dreht sich nach dem Licht. Wenn sie das nicht tut, geht sie ein.

Welchen Stellenwert haben in diesem Zusammenhang ...

T. D.: ... Parzival ...

... nein, die jüngsten Ereignisse in der Tagespolitik. Die Söhne und Töchter der Nazigeneration, jahrzehntelang mit dem symbolischen Vatermord beschäftigt, werden jetzt – mittlerweile pragmatisch statt utopisch und Establishment statt Opposition – von ihren Kindern an den Pranger gestellt. Sie werden gezwungen, sich mit ihrer Vergangenheit auseinanderzusetzen. Das Band der Schuld und der Schuldzuweisungen reißt nicht ab. Ist das nicht ein großer zeitgenössischer Stoff?

T. D.: Sicher, ja.

Shakespearesche Rosenkriege in Feuilleton, Talkshow und Parlament.

U. E.: Die Anfänge von jemandem, der sich dann anders weiterentwickelt hat, werden ihm übelgenommen. Man verlangt von ihm eigentlich, daß er bei seinen Anfängen bleibt, die man andererseits verurteilt.

T. D.: Dabei ist es doch ein Sieg der Demokratie, daß viele Achtundsechziger heute anders denken als früher.

U. E.: »Consistency is the virtue of fools«, Shakespeare.

»Rotmord«, 1969. Fernsehfassung von »Toller«

T. D.: Dann wäre Fischer vielleicht Terrorist geworden ... Aber das Thema ist kompliziert. Auch Bettina Röhl, die Antipodin von Joschka Fischer, wäre eine ganz interessante Figur.

Die Tochter von Ulrike Meinhof rächt sich dafür, daß die Generationskollegen ihrer Mutter nicht sterben mußten, und wird dafür von den konservativen Eliten zärtlich umarmt.

U. E.: Die Achtundsechziger sitzen in ihren Ämtern. Der Marsch durch die Institutionen ist das einzige, was sich wirklich bewährt hat.

Beziehungsweise der Marsch der Institutionen durch die Achtundsechziger.

T. D.: Ich verstehe auch Bettina Röhl, das wäre wirklich ein Drama, in dem jeder auf seine Weise recht hat.

U. E.: Und jemand wie Andreas Baader wäre ...

T. D.: Jetzt reden wir schon fast, als ob es um ein Stück ginge.

Wollen Sie es schreiben?

T. D.: So nicht. Nein, so nicht.

In »Merlin« gibt es auch einen Rebellen, der gegen die eigene Elterngeneration aufsteht: Mordred, der Sohn von König Artus. Wie jede nachfolgende Generation entlarvt er die Versäumnisse, Sünden, Schwächen und Verlogenheiten der Elterngeneration.

T. D.: Der unglückliche Hasser Karlos ist auch so einer.

Je hochgespannter die Ideen waren, um so verwässerter und beschmutzter sind sie in der alltäglichen Lebenspraxis und um so heftiger ist die Rebellion der Kinder. Mordred entlarvt wie Hamlet die Sünden der Eltern.

U. E.: Es gibt noch andere interessante Aspekte bei der gegenwärtigen Debatte: Leute, die gar nicht dabeigewesen sind, wären plötzlich so gern Achtundsechziger. Weil es so aufregend

Satan erhebt sich Gott gegenüber als gefallener Engel, der zum Demiurgen wurde; auf Erden verwaltet er das Amt der Schöpfung und zeigt sich besser zuhause und mächtiger als Gott; weit entfernt davon, ein Usurpator zu sein, ist er unser Herr und Meister, legitimer Herrscher, der über den Höchsten den Sieg davontrüge, wenn das All nur aus dem Menschen bestünde. Haben wir also den Mut, anzuerkennen, wem wir unterstellt sind.
Die großen Religionen haben sich darüber nicht getäuscht: was Mara einem Buddha, Ahriman einem Zarathustra, der Versucher einem Jesus anbieten, ist die Erde und die Herrschaft über die Erde, Realitäten, die der Fürst der Welt tatsächlich in seiner Macht hat. Und ein neues Reich, ein verallgemeinertes Utopia oder Universalreich gründen wollen heißt sein Spiel mitspielen, an seiner Unternehmung mitarbeiten und ihr die Krone aufsetzen, denn er wünscht sich nichts so sehr, als daß wir uns mit ihm zusammentun, uns in seinem Umgang vom Licht abwenden und aufhören, den Verlust unserer alten Glückseligkeit zu beklagen.

E. M. Cioran

»Merlin« im Deutschen Schauspielhaus Hamburg 2000

»Ich habe einen Engel gesehen! Einen Engel!« Es sind aber nicht Parzival und Herzeloide, die da auf der Treppe vor dem Vorhang sitzen, sondern eine Trümmerfrau mit ihrem Trümmerkind, und der Engel ist auch kein Ritter in glänzender Rüstung, sondern ein weißblonder Entertainer im schneeweißen Anzug: Michael Wittenborn als Zauberer Merlin als Thomas Gottschalk. Seine umständliche Geburt hat uns der menschenfreundliche Sohn der Hölle erspart, lächelnd, allein mit dem Mikro, bringt er die alte Welt zum Einsturz. Die barbarischen Könige der Vorzeit – drei Hakenkreuz-Herren aus SS, SA und Wehrmacht – stürzen die Treppe hinunter, und schon steht da der Engel der neuen Zeit, Bob aus Amerika, Kaugummi und Schokolade ins Publikum werfend. In einer schmucklosen grauen Halle, in der sich immerhin bei Bedarf ein paar Galeriefenster öffnen lassen, stehen müde Herren in schlechten Anzügen herum, kriegsversehrte Staatsgründer, und der Unauffälligste von allen wird schließlich König: Artus im Adenauerland. Jossi Wieler versucht jetzt im Hamburger Schauspielhaus gar nicht erst, das phantastische Zauberspiel, das der Autor da zwischen Legende, Mittelalter und Neuzeit in der gedankenbilderreichen Schwebe hält, vom Buch auf die Bühne zu stemmen, sondern verengt die dort verhandelte Welt auf die vergleichsweise winzige Geschichte der Bundesrepublik.

Siegfried Diehl

war. Ein Veteranenphänomen. Schließlich war das die letzte spannende Phase deutscher Geschichte – von der Wiedervereinigung einmal abgesehen.

Jeder will dabeigewesen sein, aber zugleich auch nicht.

T. D.: So ist es! Man will wenigstens Steine geworfen haben, hat aber doch niemanden getroffen.

U. E.: Oder man hat die Steine nur aufgehoben. Geworfen haben natürlich andere.

T. D.: Ich habe seit vielen Jahren Umgang mit den »Dämonen« von Dostojewski. Das ist eigentlich eine sehr ähnliche Geschichte.

Plötzlich ist ein Joschka Fischer hoffnungslos veraltet.

T. D.: Inwiefern?

Joschka Fischer, Held und Symbolgestalt einer ganzen Generation, kippt in die Außenseiterrolle. Der Trendsetter von gestern wird auf dem Müllhaufen der Geschichte entsorgt. Und die differenzierten Gewaltdebatten von Sartre über den zweifelhaften Mescalero bis zu Beuys oder Erich Frieds Büchnerrede sind nicht mehr vermittelbar. Ein Foto mit Sturzhelm, die Teilnahme an einer PLO-Konferenz reichen aus, um jemanden zum Verbrecher zu stempeln. Eine völlig unhistorische Verbiederung von Politik, die nur auf den Sturzhelm sieht, nicht aber auf den Zusammenhang, auf die Wasserwerfer oder den Vietnamkrieg. Die bürgerliche Befreiungsbewegung der Achtundsechziger wird plötzlich an den Pranger gestellt, als ob es sich um per-

verse Verfehlungen aus einer morastig-dunklen Vorzeit handle. Selbst der politisch harmlose Joseph Beuys hat damals gesagt: »Der Staat ist ein Untier, das bekämpft werden muß. Ich habe mir zur Aufgabe gemacht, dieses Untier Staat zu zerstören.«

T. D.: Es gibt ein Bild, eine Konstellation, die mich in diesen Tagen nicht losläßt: Joschka Fischer und Hansjoachim Klein, der eine ist Außenminister geworden, der andere kommt als Terrorist ins Gefängnis; der eine war Ideologe, der andere ein gutgläubiger Arbeiter.

Es gibt noch eine andere Geschichte, die ich mal entworfen habe. In einem Irrenhaus wird von den Insassen ein großes, hölzernes Trojanisches Pferd gebaut. Damit wollen sie durch die Mauer der Anstalt hindurch ins Freie, auf den Marktplatz kommen. In ihrer Verrücktheit haben sie aber verschiedene Ansichten über sich und über die Welt draußen. Schließlich sind die Irren auf dem Marktplatz, aber sie sind von völlig anderen Menschen umringt, als sie erwartet hatten. Enttäuscht von diesen konformistischen, gut funktionierenden »Normalen«, kehren die Verrückten alle wieder in die Anstalt zurück, bis auf eine Frau, eine Meinhof-Figur vielleicht, die schließlich von einem ehemaligen Liebhaber denunziert wird.

Das wäre das mögliche Grundmuster für eine Geschichte über Aufbruch und Scheitern.

Oblomow / Der antiquierte Mensch

Eine ehemalige Avantgarde steht plötzlich und unvermutet im Abseits. Ihre Tafelrunde hat sich aufgerieben. – Man kann aber auch auf andere Weise aus der Zeit fallen. Es gibt Anti-Utopisten, Oblomows, die sich von vornherein verweigern. Ihr »Herr Paul« ist so jemand. Eine moderne und dynamische Welt versucht, ihn aus seiner Wohnung zu vertreiben, und er – ein wahrhaft »antiquierter Mensch« – bleibt einfach sitzen. Objektiv vielleicht ein Verlierer, gewinnt er gerade aus dem Rückzug Stärke. Das macht ihn so sympathisch.
Eine Parabel auf den Zusammenstoß der Gartenlaubenmentalität der untergegangenen DDR mit den Handyvirtuosen des Manchesterkapitalismus?
T. D. So kann man es wohl auffassen. Aber das Stück hat ganz andere Wurzeln, eine sehr langwierige Entstehungsgeschichte. Schon in den sechziger Jahren habe ich mit Peter Zadek über einen ähnlichen Stoff geredet, immer wieder einen Ansatz gesucht, das Stück aber nie geschrieben.
U. E.: Lange Zeit war der Stoff bei uns zu Hause wie ein stinkender Fisch, wir wollten nicht so richtig ran. Er war über viele Jahre da und roch, ging nicht weg und machte sich immer wieder bemerkbar. Er machte Geräusche, störte, nahm aber nicht wirklich Gestalt an. Dabei war Herr Paul bereits Ende der siebziger Jahre in dem Film »Mosch« aufgetaucht.

»HERR PAUL: Wer lebt, stört.«

T. D.: Herr Paul war in »Mosch« eine Nebenfigur, die Ulrich Wildgruber spielte. Er war einfach nur da, ohne dramaturgische Notwendigkeit. – Aber ein Stück über einen trägen, unbeweglichen Menschen zu schreiben – wie macht man das? Er muß ein Hindernis sein, er muß durch pure Anwesenheit die Intention anderer stören. Herr Paul haust mit seiner Schwester in einer stillgelegten, alten Seifenfabrik.
Als das Stück dann fertig war und auf die Bühne kam, hat man es als Geschichte über die BRD und die DDR nach dem Mauerfall gelesen: Jemand hat die Fabrik geerbt, möchte eine Wäscherei aufmachen – Herr Paul muß also raus, Herr Paul aber bleibt. Das Stück geht auf Erlebnisse in den fünfziger Jahren zurück, der Zeit des Wirtschaftswunders. Nur die kleine Seifenpulverfabrik meines Großvaters, die ich retten sollte, boomte nicht. Und ein Mensch wie Herr Paul wohnte überm Hof in einem dunklen, alten Haus. Manchmal habe ich mich mit ihm unterhalten. Er lag immer auf dem Sofa und erhob sich nie, ein Verweigerer, der sich aus allem heraushielt.
U. E.: Ein dicker, träger Käfer.
T. D.: Ja, er lag auf einem zerschlissenen Sofa, ohne krank zu sein, einfach so ... Ich war von ihm fasziniert. Andererseits habe ich ihn gehaßt, weil ich immer fürchtete, ich sei wie er. Meine

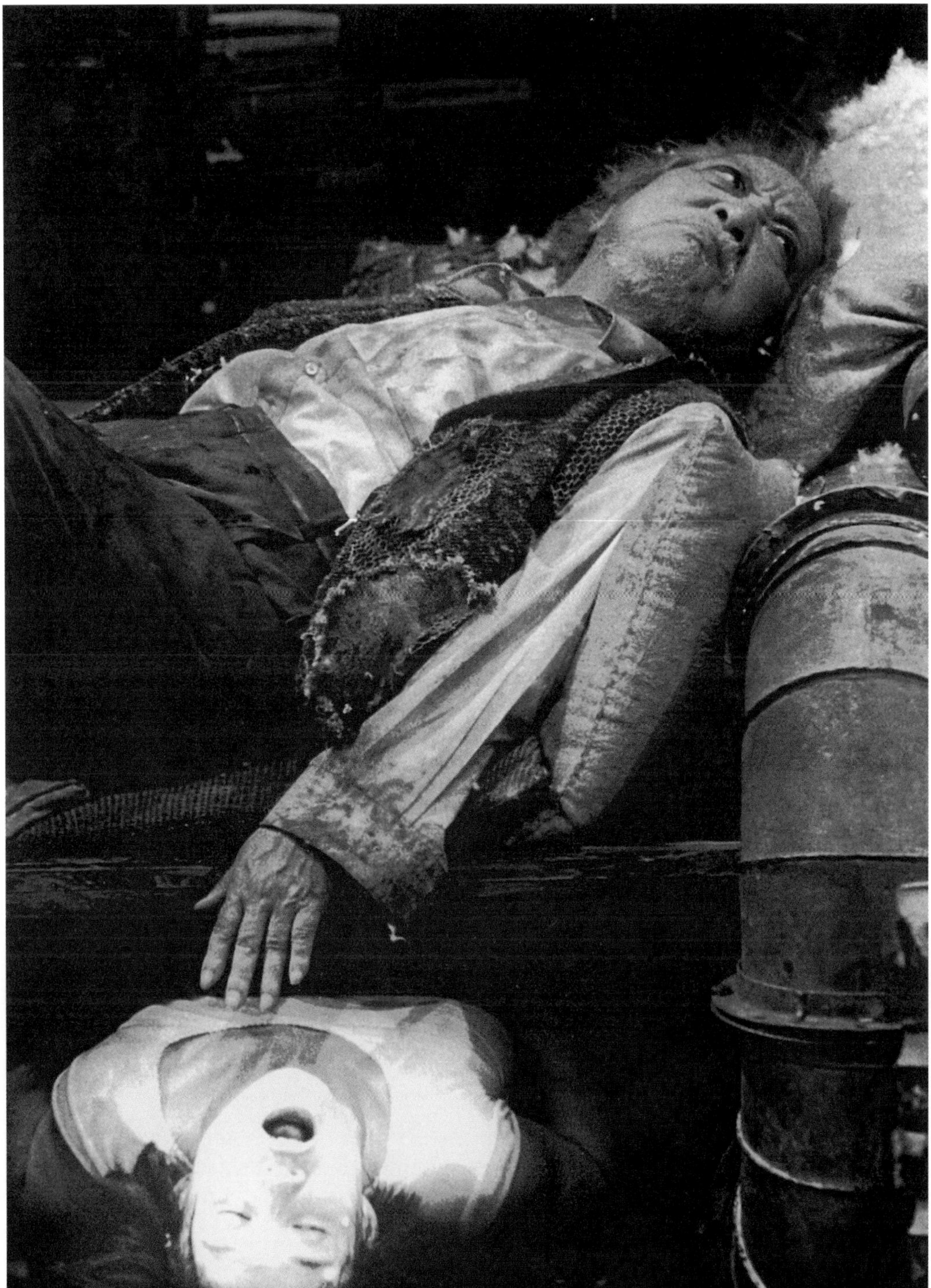

»Herr Paul«, Tokio

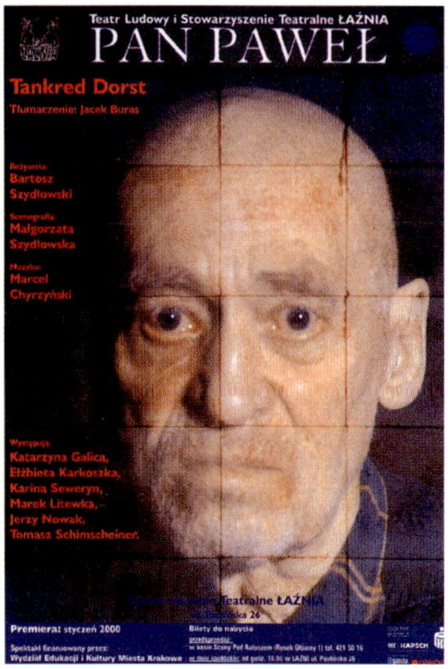

»Herr Paul«, Krakau

ganze Aktivität in dieser kleinen Seifenfabrik beruhte ausschließlich auf der Angst, auch so ein passiver Mensch zu sein, der irgendwann einfach auf einem Sofa liegenbleibt. Aus der Mischung von Abneigung und Faszination ist das Stück entstanden. Es geht also um ein Grundthema im menschlichen Leben: aktiv–passiv. Da das Stück ein paar Jahre nach dem Mauerfall auf die Bühne kam, als man in der ehemaligen DDR umtriebig an einem Neuanfang arbeitete und auf ein Wirtschaftswunder hoffte, wurde das Stück darauf bezogen. Durch die Erwähnung der Friedrich-Engels-Allee fühlten sich manche noch zusätzlich bestätigt, dabei war das in Wahrheit ein Hinweis auf Wuppertal, den Geburtsort von Friedrich Engels.

U. E.: Im Stück ahmt jemand einen Papagei nach und sagt: »Coco ist der größte Gauner.« Das Publikum in Berlin lachte sehr darüber. Die Zuschauer hielten das für eine Anspielung auf Schalck-Golodkowski, dessen Behörde zur Devisenbeschaffung enteignete Antiquitäten und Wertgegenstände ins Ausland verkauft hatte. Sie hieß »Koko«. Vier Jahre später, bei der 100. Vorstellung, lachte an dieser Stelle niemand mehr. Eine Weile lang hängen die Dinge in der Zeit drin, dann fallen sie wieder raus. »Herr Paul« ist nicht als Stück über die Befindlichkeiten der Deutschen nach der Wiedervereinigung geschrieben. Sonst wäre das Stück nicht so häufig im Ausland gespielt worden.

T. D.: Die Wiedervereinigung ist für andere Nationen nur eine Fußnote der Weltgeschichte. – Stücke werden zu unterschiedlichen Zeiten und an verschiedenen Orten unterschiedlich verstanden.

U. E.: Wie in Polen zum Beispiel ...

T. D.: In Krakau wurde das Stück in einem kaputten ehemaligen rituellen Bad im jüdischen Viertel Kasmierz gespielt. Wenn der junge Mann zu dem alten Juden kommt, der noch wie ein Gespenst mit seiner Schwester und dem schwachsinnigen Mädchen in den Kellerräumen lebt, und wenn er sagt: »Ziehen Sie bitte aus, Herr Paul, wir wollen hier eine Wäscherei eröffnen«, entstehen ganz andere Bedeutungen. Die Vielfalt von Bedeutungen, darin liegt das Leben eines Stücks.

Es ist bemerkenswert, daß ausgerechnet das gesellschaftliche Auslaufmodell Oblomow zum Sympathieträger wird.

T. D.: Das Publikum muß auf der Seite von Herrn Paul sein, obwohl er keineswegs eine durchweg positive Figur ist.

U. E.: Er ist eigentlich ein Unhold und ganz und gar kein moralischer Mensch. Aber er ist anziehend durch seine Phantasie und seine Listigkeit. Wir haben ihn immer als Verwandten von Merlin gesehen.

T. D.: Er bewegt sich nicht, aber er macht, daß andere sich bewegen.

U. E.: Herr Paul sitzt wie ein Ameisenbär in einem Trichter und

»Der verbotene Garten«, Hamburg 1988. D'Annunzio beschriftet den Leichnam des Duce

Ansichtskarte: D'Annunzio und Mussolini

»Merlin« in Hamburg

bestimmt doch das Gesetz des Handelns. Wenn sich ihm jemand nähert, dann bröckelt der Rand ab und der andere droben fällt dem Ameisenbär als Beute zu.

In ihren Stücken fallen in völlig unterschiedlichen Facetten Bürger oder auch Künstler – wie Toller, d'Annunzio, Feuerbach, Tolstoi oder auch Merlin – aus der Zeit heraus, werden Außenseiter. Herr Paul ist jemand, der sich bewußt der Zeit widersetzt, es gibt andere Menschen, die durch ihr Schicksal zu Außenseitern werden. Der Arme Heinrich wird vom Aussatz befallen und muß sich von der Gesellschaft fernhalten.

U. E.: Es ist natürlich überhaupt die Frage, wohin im Leben streben: in die Mitte der Gesellschaft, ins Zentrum, gibt es das überhaupt? Oder ist es reizvoller, sein Leben am Rande zu verbringen? Gibt man den zentrifugalen oder den zentripetalen Kräften nach?

T. D.: Meine Sympathie und mein Interesse gilt den Außenseitern. Immer schon.

Der Mensch als biologische Gattung ist eigentlich das Anpassungsfähigste, was man sich denken kann. Nur die Kakerlaken übertreffen das. Ob man in einer Achtquadratmeterbude im 21. Stockwerk in einem Moloch von Stadt sitzt oder auf dem Lande seine Kartoffeln anbaut – der Mensch paßt sich an.

T. D.: Auch ideologisch. – Mich haben meist die interessiert, die das nicht tun. Nicht tun wollen. Nicht tun können. Und die Gründe dafür. Wer sich nicht anpassen will oder kann, geht unter.

Die »Feuerbach«-Inszenierung des Autors in Hamburg, 1987. »Venite qui! Meine Federbällchen!« Umschwirrt von einem großen bunten Vogelschwarm steht Feuerbach ganz oben auf dem Gerüst: das Wunder!

In »Ich, Feuerbach« lebt ein Schauspieler in einem geschlossenen Wahnsystem. Er ist nicht mehr in der Lage, sich anzupassen oder die Wirklichkeit mit seiner Phantasie produktiv in Frage zu stellen. Er wird vielmehr durch einen Überschuß an Phantasiebegabung selbst in Frage gestellt.

T. D.: Feuerbach ist verrückt. Das Verrückte an ihm ist aber auch das Kreative, das Schöpferische. Man verlangt vom Schauspieler oder vom Künstler das Ausgefallene, das beinahe Verrückte, nur dann ist er interessant. Wenn er aber wirklich verrückt ist, kann man ihn nicht mehr brauchen. Seine Verrücktheit muß abrufbar, wiederholbar sein. Der verfügbare Wahnsinn. Dazu aber ist Feuerbach nicht in der Lage.

U. E.: Der verrückte Feuerbach bewirkt ein Wunder: er kann Vögel anlocken wie der heilige Franziskus und mit ihnen sprechen.

T. D.: Er kämpft nicht um eine Rolle, er kämpft um sein Leben. Er kämpft um Anwesenheit in diesem leeren, dunklen Bühnenraum, der seine Welt ist.

»Merlin« in Salvador/Bahia 1993

Viele ihrer Figuren – Herr Paul, Feuerbach, Merlin u.a. – sind monströs. Monster, die unverschämterweise darauf beharren, einzigartig zu sein.
T. D.: »Wer lebt, stört!« ruft Herr Paul. Da, wo etwas stört, entsteht Bewegung, kreative Irritation.

Gibt es einen Heilsplan?

Aber zurück zu »Merlin«. Ist der Mensch frei und unabhängig, oder gibt es so etwas wie eine Gesetzmäßigkeit oder gar einen Heilsplan, der den Menschen im Lot hält und davor schützt, aus der Zeit zu fallen?
T. D.: Wir sind alle in die Weltgeschichte hineingeschraubt. Man muß sich verhalten, man kann sich vor den Konflikten der Zeit nicht in Sicherheit bringen. Die Menschen sind in ihren Entscheidungen nicht frei, sie sind durch ein undurchschaubares Geflecht von Gesetzmäßigkeiten und scheinbaren Zufällen

Merlin versucht, dem Schatten seines Vaters zu entfliehen

»Auf meinen Schultern sitzt mein Vater und darauf mein Großvater, und auf dem Großvater sitzt der Vater meines Großvaters. Ich trage einen Turm!«

bestimmt, aber sie verhalten sich so, als ob sie in ihren Entscheidungen frei wären. – Merlin kann mit Hilfe des Teufels die Zukunft sehen. Schreckliche Ereignisse, kann er sie verhindern? Der Teufel will, daß sein Sohn Merlin die Menschen zum Bösen befreit, Merlin gehorcht ihm nicht, er gründet die Tafelrunde.
U. E.: Von Mordred ist prophezeit, daß er das Artusreich zerstört.
Die Revolte des jungen Mordred, seine Bösartigkeit, ist eine pervertierte Gott- und Erlösungssuche. Er ist der enttäuschteste Heilssucher. Für ihn wird, ganz im Sinne der schwarzen Romantik, das Böse zum Schönen. Wie der Satan in John Miltons »Paradise Lost« schreit er: »Böses, sei du mein Gutes!« Er ist ein Blasphemiker des Guten. Mordred ist sozusagen die irdische Inkarnation des gefallenen Engels Luzifer, dessen »Böses« immer auch ein verdecktes »Gutes« ist.
U. E.: Das Böse als Werkzeug des Guten? – Vergeblich versucht Merlin dem Schatten seines Vaters zu entfliehen. Gaetano Pompa, ein befreundeter Maler, ließ sich, als wir während der Entstehungszeit von »Merlin« in Rom waren, immer wieder die Szenen erzählen, die wir noch schreiben mußten, von Merlin, der übers Feld rennt, um dem ungeheuren Schatten seines Vaters zu entkommen, vom Turm der Väter, den einer auf den Schultern trägt, von Merlin in der Weißdornhecke. Und morgens hat er uns dann immer seine Zeichnung von der Szene unter der Tür durchgeschoben. Bei unseren Gesprächen vertrat er entschieden die Ansicht seiner Glaubensgemeinschaft: das Böse sei im Heilsplan mit enthalten, es sei also notwendig.
T. D.: Aber, wie es bei Büchner heißt: Wehe dem, durch welchen Ärgernis kommt.
U. E.: Demnach wären Hitler und auch der Holocaust ein Teil des Heilsplans, und auch der Täter wird dadurch zum Opfer.
Glauben Sie, daß es so einen Heilsplan gibt?
T. D.: Nein!

Böses als Voraussetzung des Guten?

Ist das Böse Voraussetzung des Guten? Oder weniger theologisch: Gibt es eine Dialektik, in der die Negation die Voraussetzung für einen nächsten – höheren? – Schritt ist?
T. D.: Nein.
U. E.: Die philosophische Frage, ob das Böse, wenn man es denn als Kategorie zulassen will, das Nicht-Gute ist, führt zur christlichen Schöpfungsgeschichte, wo es zunächst nur Gott gibt, der weder gut noch böse ist; sein Engel Luzifer will ihn entmachten, er wird so zur Personifizierung des Bösen. Ich glaube nicht an die kreative Kraft des Bösen.

»Merlin« in Bukarest 1990

... vor ein paar Tagen bin ich aus Bukarest zurückgekehrt, nach einem etwas turbulenten dreiwöchigen Aufenthalt, in dessen Mittelpunkt unser lieber Merlin stand. Ich habe mir die Aufführung ein einziges Mal angeschaut – aus Mangel an Zeit. Wie der ungläubige Apostel Thomas, der konkrete Beweise für die Existenz Christi brauchte, um an ein Wunder glauben zu können, so sage ich auch, nachdem ich mir Merlin angeschaut hatte, daß es diese lang elaborierte Aufführung tatsächlich gibt! Vorher konnte ich es gar nicht so richtig glauben ...
Sie wundern sich bestimmt, weshalb ich Ihnen kein Programmheft und kein Plakat mitgebracht habe; aus dem einfachen Grunde, daß es sie noch nicht gibt!!! Warum? Weil die neuen Herrscher Rumäniens die Drucker sind. Die weigern sich zur Zeit, für das Bulandra-Theater etwas zu drucken. Sie haben nichts gegen Ihr wunderbares Stück: es stehen lange Schlangen vor dem Theater. Sie hassen nur den Direktor des Theaters, Herrn Ion Caramitru, der ein bekannter Oppositioneller ist!!! Was kann man dazu nur sagen?

Die Übersetzerin Ioana Craciun an Tankred Dorst, 26. März 1991

Das heißt, die Existenz des Bösen in der Welt ist sinnlos und absurd?
T. D.: Ja.
Über den bösen Mann Korbes der Gebrüder Grimm haben Sie gesagt, er sei »der von Gott verlassene Stoff der Welt«.
T. D.: »Korbes« ist eine Passionsgeschichte, eine Art Mysterienspiel.
In »Merlin« gibt es ebenfalls viele christliche Motive: Sündenfall, Erlösung, die Auflehnung gegen das Böse bzw. das Gute. Mordred als der in ein Schlechtes verwandelte Gute, der eigentlich eine Sehnsucht nach dem Heil hat. Aber auch der Erlöserkönig, der Artus sein soll ... Sie haben diese Motive in dem Stoff vorgefunden.
T. D.: Oder hineingedacht, auf andere Weise weitergedacht.
Sind sie auch ein Teil des Denkens von Tankred Dorst und Ursula Ehler?
T. D.: Ja, sicher.
U. E.: Als Prägung auf jeden Fall.
T. D.: Der Magier, der Zauberer Merlin ist ja nun gerade eine Figur aus vorchristlicher Zeit. Im Stück kehren am Ende die heidnischen Götter zurück, das Christentum war in der Weltgeschichte nur eine Episode.

Utopien

»Der Löwe frißt Gras!« – Die Utopie einer friedlichen Welt

Lassen Sie mich noch einmal auf den Utopie-Gedanken zurückkommen, der ein Zentralthema des zu Ende gehenden Jahrhunderts war. Es gibt dazu zwei Zentralthesen. Erste These: die Dominanz von Utopien und der Versuch, diese direkt in die Wirklichkeit zu überführen, ist die eigentliche Katastrophe, die die Menschheit immer wieder erleidet. Utopien wären demnach prinzipiell gefährlich. Und die zweite These ist, daß der Verlust von Utopien die eigentliche Katastrophe ist. Dann fehlt jede Lebensperspektive, und der Weg zu Enthumanisierung, Materialismus und schließlich Barbarei ist ein kurzer. Welche Position bezieht das Drama »Merlin«?
T. D.: Eine Position dieser Art bezieht das Drama nicht. Es lebt aus diesem Konflikt. Der Menschheit ist es wohl eingegeben – jedenfalls der Menschheit, wie wir sie bis heute kennen – Utopien zu entwickeln, ideale Gesellschaften, eine Vision zu haben, wie die Welt sein sollte. Daß diese Entwürfe dann scheitern, hat die verschiedensten Gründe, die Zeit, die Verhältnisse und so weiter. Mir scheint aber, daß es in der Natur auch jedes einzelnen Menschen liegt, einen Lebensentwurf zu machen und dann an seinen eigenen Möglichkeiten zu scheitern. Er ist seinem Entwurf nicht gewachsen. Er ist für seine eigene Utopie nicht

Hier ist Harmonie und Frieden ...

geeignet. Das ist das Drama.

Manche Religionen umschiffen dieses Problem durch einen genialen Trick. Das Christentum scheint eine besonders raffinierte Variante des Utopismus zu sein. Das Christentum entwirft eine absolute Utopie, verlagert aber ihre Einlösung in ein Jenseits, das sowieso nie Wirklichkeit werden kann. So wird die parzivaleske Reise des Menschen durchs irdische Jammertal zur Reifeprüfung für später. Und ein Abglanz der Utopie kann bereits im Hier und Jetzt entstehen, vorausgesetzt, daß man sich als Gralssucher Mühe gibt. Als Mensch werde ich dazu aufgerufen, so zu leben »als ob« – eine Art theologischer Existentialismus. So wird der Mensch, jedenfalls theoretisch, sowohl vor der Absolutheit eines Robespierre oder Pol Pot, aber auch vor einem allzu simplen hic et nunc bewahrt. Ich habe den Eindruck, als sei dies, die Gesamtbewegung des Stückes betreffend, das, was übrigbleibt.

U. E.: Da ist aber auch noch ein anderer »Trick«, wie Sie es nennen.

Welcher?

U. E.: Die Idee, daß der Mensch nicht gut ist und erlöst werden muß: die Erbsünde.

T. D.: Das Christentum glaubt, daß der Mensch schlecht ist. Der Sozialismus geht davon aus, daß der Mensch gut ist, nur die Verhältnisse machen ihn schlecht. Durch eine revolutionäre Änderung der sozialen Verhältnisse, wie in Rußland, China und in anderen Ländern der Erde, würde der Mensch gut. Der gute Mensch von Sezuan bedarf dann seines bösen Vetters nicht mehr. Eine säkularisierte Heilslehre. Die stalinistischen Bauten in Moskau erinnern ja geradezu ans himmlische Jerusalem.

Die mittelalterliche Theologie hat strikt zwischen einem himmlischen und einem irdischen Jerusalem unterschieden. – Für mich bleibt immer noch die Frage, ob die religiösen Aspekte in

»Merlin« eine Begleiterscheinung des Stoffes sind oder ob das auch mit Ihren Überzeugungen zu tun hat?
T. D.: Die Gretchenfrage? Der religiöse Aspekt ist dem Stoff immanent: Merlin ist der Sohn des Teufels, so wie Christus der Sohn Gottes ist ... das ist doch wohl der innerste Kern des Stückes. Ich sehe es jedenfalls so. Aber was ist ein »Stoff«? Das, was man herkömmlich Stoff nennt, ist nichts. Der Blick darauf ist alles. Boy meets girl – das ist noch nichts. Eine Frau betrügt aus Langeweile ihren Mann – na ja, aber Madame Bovary? Ein träger Mann auf dem Sofa, will nicht von der Stelle – das hört sich unergiebig an, aber darin steckt doch ein Drama. Oder: ein Kirschgarten wird – vielleicht – verkauft ...
U. E.: Man muß etwas von sich selber in einer Geschichte finden, was einen bewegt, Schrecken, Wut, Trauer ...

Parzival, der reine Tor

Baudelaire sagte, Genie ist Kindheit, vom Willen wieder hervorgeholt. Sokrates sagte, daß wir alles schon wissen, wenn wir geboren werden, und daß wir Wissen nur wiederentdecken. Das geht für mich wie ein roter Faden durch das ganze Stück, daß alles schon da ist, es gibt ein ständiges Wiederentdecken, ein Kreisen, es ist endlos. Im Leben geschieht manches, und manches ändert sich auch, aber im Grunde ist es immer dasselbe Muster, derselbe Plot, wir kennen schon die Handlung, wenn wir geboren werden.

Bob Wilson über »Parzival«

T. D.: Man muß die Personen kennen, die man schreibt, oder vielmehr: man lernt sie durchs Schreiben besser und besser kennen. Für bestimmte Personen in einem Stück entwickelt man auch gelegentlich eine besondere Vorliebe.
Für Merlin?
T. D: Für mich war besonders Parzival eine persönlich nahe Figur. Er ist in der Tradition der »reine Tor». Aber was heißt das? So wollte ich ihn nicht schreiben. Ich dachte mir, als wir mit dem Stück anfingen, diese reinen Toren, diese Unschuldigen, sind oft auch wüste Täter, sie wissen nicht, was Leben ist und was Tod ist. Ihre Unschuld ist nicht sanft. Und wie ist es mit den Kindern? Die unschuldigen Kinder reißen ihre Puppen auseinander wie Parzival den toten Ritter. Was ich an Parzival so faszinierend fand: alles geschieht mit ihm zum ersten Mal. Er kennt die Welt nicht, er weiß nicht: setzt man sich auf den Tisch oder auf den Stuhl? Spricht man leise oder laut? Ist der Panzer des Ritters Teil seines Körpers, wie die Schale beim Hummer? Diese hochmütigen Herren in ihren glitzernden Rüstungen, sind es Engel? Was ist Gesellschaft? Was ist Leben, was ist Tod? Alles muß er erst lernen, das ist ein schöner, theatralischer Vorgang. Von den Tischsitten, von der Konvention zum Ganzen der Welt.
Parzivals Weg ist aber auch qualvoll.
T. D.: Ja. Parzivals Weg ist voller Irrtümer und Grausamkeiten und Hindernisse. Er geht so dahin und hinterläßt eine blutige Spur. Was auch sehr wichtig ist: er kann nicht zurück! Er will zu seinen Anfängen zurück, darüber gibt es eine Szene. Aber es geht nicht, das Paradies ist verschlossen.
U. E.: Es gibt Menschen, die immer suchen und auf dem Weg

sind, und es gibt Menschen, die sich eine Plattform suchen, auf der sie ihr Leben verwirklichen. In »Merlin« ist es auch so: Der runde Tisch ist der Platz, wo alles stattfinden soll. Hier wird die Welt behauptet, da wo vorher nichts war, wird jetzt das Tischtuch ausgebreitet. Nur bei zwei Figuren ist es anders ... Lancelot verläßt den Ort, kehrt zurück und verläßt ihn wieder. Und Parzival. Seine Wirkungslinie berührt den Kreis höchstens mal als Tangente.
T. D.: Als wir »Merlin« in einer Fischhalle in Hamburg aufführen wollten, gab es die Möglichkeit, zwei Bühnen aufzubauen. Auf der einen Bühne sollte der runde Tisch sein und die Abenteuer der Ritter. Und auf der entgegengesetzten Seite, hinter dem Publikum, sollte parallel dazu die Parzivalgeschichte stattfinden: Gruppe und Einzelner.
Parzival ist der einzige, der sich wirklich ändert: vom unwissenden Schlächter zum Menschen. Die einzige wirklich erlöste Figur im Stück.
U. E.: Das Ende von Parzival hat etwas Wahnhaftes, Verrücktes. »Ich werfe mich in den Abgrund. Gott fängt mich auf mit einem Ginsterzweig.«
T. D.: Parzival ist vor allem am Anfang wichtig. Neben der gegründeten Tafelrunde bleibt er der Einzelne, Einsame. Er ist der Täter außerhalb der geordneten Welt. Seine Gegenfigur ist Galahad, der nicht handeln, nicht eingreifen will und deshalb auch nicht angreifbar ist. Parzival aber will mit dem Kopf durch die Wand.

»– Ich finde Gott nicht! schrie Parzival.
– Gott ist in allem was lebt, antwortete der Eremit auf dem Baum, in jedem Vogel, in jedem Frosch, in jedem Gras.
– Das ist schrecklich!
– Warum ist das schrecklich, du dummer Frager?
Parzival rannte fort und schrie: Ich schlage alles kaputt, ich verwüste das ganze Land, ich töte alles, was lebt, bis ER allein noch übrigbleibt!«

U. E.: Sie haben vorhin von Zeitgeist gesprochen: Galahad ist ein Reflex auf den Eskapismus, der damals in Mode kam. Viele junge Leute gingen nach Indien, wollten kontemplativ leben, saßen zu Füßen ihres Gurus und wiegten sich in Trance hin und her.

Parzivals Geschichte endet mit dem Bild von Parzival und Blanchefleur im Schnee. Beide schauen auf Galahad, der nach der Gralsschale greift. Erfriert Parzival? Ist er erlöst im Anblick des Grals? In der Liebe zu einer Frau?

Gral (altfrz. graal/greal, provenzal. grazal) *der*, in der mittelalterl. Dichtung ein geheimnisvoller, heiliger Gegenstand, der seinem Besitzer irdisches und himml. Glück verleiht, den aber nur der dazu Vorherbestimmte finden kann. Bereits die ältesten erhaltenen Fassungen zeigen die Sage durch Verbindung mit dem Artus- und Parzival-Kreis so umgestaltet, daß ihre Heimat und ihre ursprüngliche Form sich nicht näher bestimmen lassen.

Brockhaus Enzyklopädie

Gral und Apokalypse

T. D.: Wir mußten uns da dramaturgisch entscheiden, so ergab sich diese emblematische Lösung. Die ganze Gralsburggeschichte hätte einen riesigen, auch theologischen Raum geöffnet.

Was ist der Gral?

T. D.: Vielleicht könnte man sagen: die Aufhebung der Widersprüche. Ich weiß aber gar nicht, ob das wünschenswert wäre. Aber für diese ganze Problematik war kein Platz mehr in dem

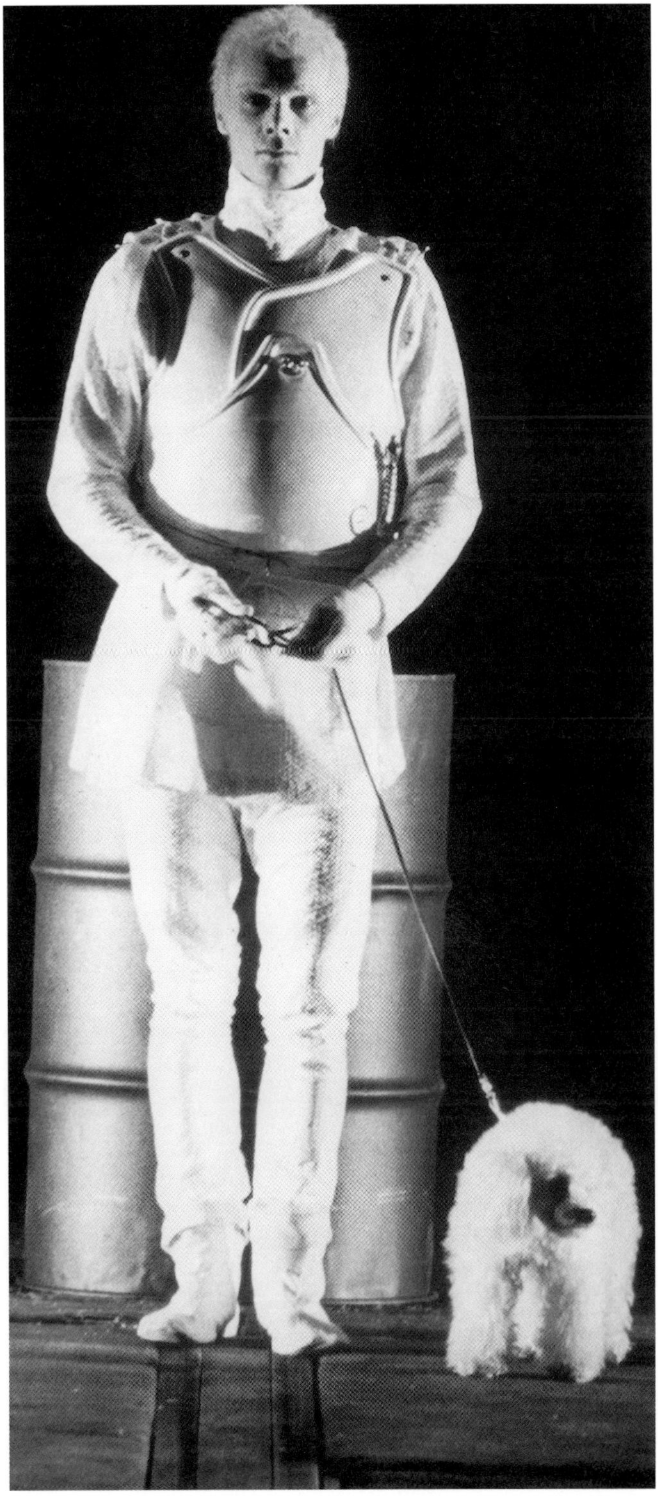

Sir Galahad, der Albino mit dem Hündchen

»EIN SCHAUSPIELER *memoriert grüblerisch seinen Text*: Was ist der Mensch? konnt ich beginnen; wie kommt es, daß so etwas in der Welt ist, das wie ein Chaos, gärt, oder modert, wie ein fauler Baum, und nie zu einer Reife gedeiht? Wie duldet diesen Heerling die Natur bei ihren süßen Trauben? Zu den Pflanzen spricht er: ich war auch einmal, wie ihr! und zu den reinen Sternen: ich will werden, wie ihr, in einer andren Welt! Inzwischen bricht er auseinander und treibt hin und wieder seine Künste mit sich selbst, als könnt er, wenn es einmal sich aufgelöst, Lebendiges zusammensetzen, wie ein Mauerwerk; aber es macht ihn auch nicht irre, wenn nichts gebessert wird durch all sein Tun; es bleibt doch immerhin ein Kunstwerk, was er treibt.
EINER DER ZUSCHAUER *ruft dazwischen*: Das sagt mir nichts!
EIN ANDERER ZUSCHAUER: Es ist gar nicht Ihre Meinung! Sie haben das nur aufgeschnappt und haben es auswendig gelernt!
DER SCHAUSPIELER: Wie soll ich denn das Unfaßliche verstehen, als indem ich die Worte immerzu spreche.«

Stück: Im letzten Teil mußte Mordred die Hauptperson sein, bis zum Ende nach der Schlacht: der Vater tötet den Sohn.
Der Gral hat gerade im Moment, auf der Schwelle zum neuen Jahrtausend, eine ungeahnte Renaissance. Nachdem sich all die ideologischen Gralssucher und -propheten eine blutige Nase geholt und Millionen von Menschen auf diesem Altar geopfert haben, tritt überraschend die Naturwissenschaft an die Stelle der Politik. Der menschliche Bauplan ist entziffert, der – so der Genforscher André Rosenthal – »genetische Gral« ist allen zugänglich.
Neue Hoffnung, neuer Schrecken, das Ende von Theater?
T. D.: »The end of playwriting« – Anfang der siebziger Jahre habe ich in Amerika einen Vortrag über dieses Thema gehalten. Ich dachte damals, daß die Realität so stark ins Theater eindringt, daß sie schließlich die Oberhand gewinnt. Das Schreiben von Stücken wäre dann nicht mehr möglich, man würde nur noch Wirklichkeitspartikel auf das Theater bringen. Das wäre im herkömmlichen Sinne das Ende des Stückeschreibens. Dieser Meinung bin ich nicht mehr.
In der letzten Zeit denke ich aus ganz anderen Gründen wieder an »the end of playwriting«: Wenn man Menschen so herstellen kann, wie man möchte, wenn man sie mit dem Lebenslauf, den man wünscht, ausstatten kann, wenn man bestimmen kann, wann sie sterben, ob man sie noch braucht oder nicht, wenn man soundso viele aggressive oder sanftmütige Menschen produzieren kann – das wäre das Ende des Menschen, wie wir ihn kennen, und auch das Ende des Stückeschreibens, weil es kein Schicksal mehr gibt, nur noch gelungene und geplante Biographien.
Galahad in »Merlin« ist so eine geklonte Figur ohne Schicksal.
U. E.: Er ist ein Albino, weiß, wie ein leeres Blatt Papier.
T. D.: Ohne Ego.
Das Ende der Kunst kann man doch zugunsten der Abschaffung der Fehlerhaftigkeit von Menschen getrost in Kauf nehmen. Wenn man dafür Krebskrankheiten heilen kann ...
T. D.: Ja, natürlich. Ein wohlgestalteter Mensch kann nicht verlangen, daß der Krüppel ein Krüppel bleibt. Wenn die Genmanipulation perfektioniert wird, wird der Verweigerer zum Kriminellen.
U. E.: Ich glaube nicht, daß man die Einzigartigkeit des Menschen wirklich abschaffen kann, ich will das nicht denken.
T. D.: Vor einiger Zeit habe ich im Zusammenhang mit der Gendiskussion ein Stück entworfen. Ich wollte einige Elemente aus Tschechows wunderbar tragikomischen Erzählungen verwenden, die ja stets von fehlerhaften Menschen handeln, und dazwischen Unterhaltungen zwischen Tschechow, mir und anderen montieren. So fahren wir zusammen in einer Kutsche, bis

schließlich ein gewisser Herr Kurzweil – es gibt tatsächlich einen amerikanischen Genforscher dieses Namens – dazukommt und berichtet, daß man alle menschlichen Fehler beseitigen könne. Man könne z.B. ganz Australien mit einem Stück Fleisch ernähren, man könne jedes Kotelett beliebig vermehren.
Die Kenntnis der Genome von Nutzpflanzen wird dem Vernehmen nach tatsächlich sehr wichtig für die Ernährung der Weltbevölkerung.
T. D.: Tschechow hört den Ausführungen ruhig zu, fängt irgendwann an zu hüsteln und geht – und ich folge ihm. Aufhören sollte das Stück mit dem Kutscher, der die ganze Zeit erzählen will, daß sein Sohn gestorben ist. Aber es hat ihm niemand zugehört, weil seine Fahrgäste ganz andere Interessen haben. So erzählt er die Geschichte von seinem Sohn am Schluß dann dem Pferd, seinem alten Gaul.
U. E.: Es ist eine merkwürdige Sache, daß ein verschwindend kleiner Teil der Weltbevölkerung solche Möglichkeiten entwickelt. Ich glaube, die jetzt lebenden Menschen sind nicht so konstruiert, daß sie die Konsequenzen ihrer Erfindungen denken können.
T. D.: Ersatzteile kann man sich jetzt schon verschaffen.
Das ist wieder das Thema der »Antiquiertheit des Menschen«, die mit jeder technologischen oder naturwissenschaftlichen Erfindung zunimmt. Zwischen der Erfindung der Atombombe und der Entdeckung des menschlichen Bauplans liegen gerade einmal fünfzig Jahre.
Andererseits aber sind solche Entdeckungen nicht nur eine Bedrohung, sondern auch eine große Bestätigung der gewaltigen Leistungsmöglichkeiten der menschlichen Gattung. Als der Forscher Graig Venter mit seiner Firma »Celera« den menschlichen Bauplan entdeckt hatte, sagte er: »Das war wie Berg-

Durch die Hingabe an Guinover, das lange Leben mit ihr und ohne sie, war Lancelots Wesen so sehr mit dem Magnetismus der Liebe geladen, daß seine Anwesenheit gleich der eines Dämons war, der den Verstand verwirrt. Aber er selbst war ebenso verwirrt durch den Zauber der ungewöhnlichen Leidenschaft, von der er besessen war. Man könnte sagen, die Persönlichkeiten von Lanzelot und Guinover seien beide von den Mächten des »Sees« des Unbewußten völlig durchdrungen und behext gewesen, sie seien von einer überpersönlichen, zwanghaften, vernunftlosen und rational nicht lenkbaren Anima-Animus-Verkettung besessen und beherrscht worden. Das individuelle Bewußtsein war in beiden auf den ersten Blick von einer eher archetypischen als persönlichen Erfahrung überwältigt worden. Jedes hatte im anderen nicht einen liebenden menschlichen Gefährten gefunden, sondern den vollkommenen Gegenspieler auf einer idealen übermenschlichen Bühne.

Heinrich Zimmer

steigen, und ich liebe Bergsteigen, weil ich wissen will, was auf der anderen Seite ist.« Das ist eine Ikonographie, die in ihrem Stolz an andere große Leistungen der Menschheit wie die Entdeckung Amerikas, die Mondlandung, Polarexpeditionen, aber auch Gralsreisen erinnert. Der Mensch kann nach all den skeptischen Infragestellungen wieder an sich und seine Kraft glauben, er ist wieder Abenteurer, Heilssucher und Heilsbringer in einem – wie in der guten alten Zeit. Noch einmal Graig Venter: »Ich glaube, ich bin zu einem großen Teil deswegen erfolgreich gewesen, weil ich keine Angst vor dem Scheitern habe, und zu einem Teil auch deshalb, weil ich erkannt habe, worin das eigentliche Scheitern besteht. Darin nämlich, nichts Sinnvolles in seinem Leben getan zu haben. Das ist in meinen Augen der schlimmste Mißerfolg. Ich denke, ich habe die Vorstellung gestärkt, daß ein einzelner Mensch sehr viel bewegen kann.

»Merlin«, Köln

Wenn Sie das Leben für endlich halten, ist das entscheidend. Sie möchten Ihre Zeit bestmöglich nützen.«

Diese Philosophie ist vielleicht amerikanisch-schlicht, aber sie enthält alle »Merlin«-Probleme.

U. E.: Das Bewußtsein eines Wissenschaftlers dieser Art arbeitet letztlich ähnlich wie das eines Künstlers. Er denkt über das Vorhandene hinaus, erfindet, spekuliert und phantasiert.

Das heißt aber auch, er geht seiner Vision bedingungslos, vielleicht sogar rücksichtslos nach.

U. E.: Soviel Fortschritt, und doch sind die Konflikte geblieben: Es werden immer noch Leute erschlagen, die Kriege sind nicht abgeschafft, die Eifersucht genausowenig, Unglück gibt es immer noch.

T. D.: Deshalb lassen sich die Menschen immer noch von »Hamlet« oder »Was ihr wollt« ergreifen.

Der Überschwang der Herzen hat Katastrophen herbeigeführt, wie kein Dämon sie auszudenken gewagt hätte. Erblickt ihr einen flammenden Geist, so macht euch darauf gefaßt, daß ihr ihm eines Tages zum Opfer fallet. Hinter allen jenen, die an *ihre* Wahrheit glauben – und sie sind die einzigen, die in der Erinnerung der Menschen eine Spur hinterlassen –, ist der Boden übersät mit Leichen. In der Bilanz der Religionen sind mehr Mordtaten aufgeführt als in den Aktiva der blutigsten Tyranneien, und die Blutrünstigkeit der von der Menschheit Vergötterten übertrifft bei weitem die der gewissenhaftesten Mörder.

E. M. Cioran

Gerade jetzt fühlen wir uns überfordert: In einem gigantischen Nachweis seiner Einzigartigkeit schafft es der Mensch, sich selbst zu erschaffen oder, je nach Sichtweise, auch abzuschaffen: Vielleicht ist er bald wie eine banale Glühbirne produzierbar und reproduzierbar. Ein grotesker Widerspruch von Erfinderleistung und Ergebnis.
Und: wie um uns zu warnen, wird uns gleichzeitig unsere prometheische Vermessenheit vor Augen gehalten. Auf der einen Seite streben wir wie verrückte Dädalusse zur Sonne, auf der anderen müssen wir Bilder von Millionen dampfenden Leibern sehen. Blutrote Himmel über brennenden Bergen von Tierkadavern, die mit Baggern in die Flammen geworfen werden. Ein unermeßlicher Frevel an der Kreatur.
T. D.: Apokalyptische Bilder.
U. E.: Trotz neuer, staunenswerter Entdeckungen: Der Mensch verändert sich dauernd, aber er wird nicht besser.
Das Streben zum Gral scheint eine Droge zu sein. In »Merlin« gibt es auch beides: den Gipfelsturm zum Gral und das Desaster eines sinnlosen Gemetzels untereinander.
T. D.: Cioran meint, daß die Utopien gar nicht wünschenswert seien.

Ich bin ein Künstler, was geht's mich an?

In »Merlin« erzählen Sie nicht vom Gelingen, sondern vom Scheitern, von den Fehlern, nicht von den Erfolgen. Merlin, der in den mittelalterlichen Bearbeitungen des Artus-Stoffes kaum eine Rolle spielt, ist bei Ihnen zur Titelfigur geworden, spielt als Zauberer, Seher, Künstler virtuos mit den Menschen und ihren Schicksalen und zieht sich schließlich, als sein Experiment, die Gesellschaftsordnung zu bessern, desaströs endet, immer mehr aus der Geschichte zurück: in den Dornbusch, ins Reich der Liebe, der Kunst, der Poesie. Er flieht sozusagen ins Reich der »höheren Verantwortungslosigkeit» und sagt: »Ich bin ein Künstler, was geht's mich an!« Was ist das? Realismus ohne Illusion? Elegische Poesie? Eine spielerische Ironie des Autors Dorst gegenüber der Künstlerexistenz?
T. D.: Gewissermaßen, ja. Es ist ein provozierender Satz. Merlin wird seinem Entwurf untreu.
Provozierend, weil man vom Künstler erwartet, daß er gesellschaftliche Verantwortung übernimmt und nicht flüchtet?
T. D.: Ein junger Mensch, der vier Jahre alt war, als »Merlin« erschien, sagte mir neulich, Merlins Satz »Ich bin ein Künstler, was geht es mich an« sei typisch für Schriftsteller seiner Generation. Daran sieht man, wie die Zeit vergeht und sich Werte verändern. Was ist denn eigentlich das »Zeitgemäße«?

Die Legende vom armen Heinrich

»Chor: Unersättlich bist du,
schmerzwütiges Kind!
Elsa: Ich bin kein Kind.
Chor: Liebende, die nicht liebt.
Dein Leben –
Todesstaub.

Elsa: So a Fraa wie mei Mudder
ana is und wie die hom
wolln daß
ich ana wern soll so ana
will ich ned wern.

Elsa: Einen Schatten hielt ich
umarmt, einen Wahn habe
ich gefreit,
einen Traum besessen!

Chor: Den Armen Heinrich, den
Verrückten seht! Er versucht
auf Händen zu gehen, die
dafür
nicht gemacht sind! Mit
Füßen
fleht er um Segen, die doch
zum Laufen bestimmt! Will
mit den Ohren sehen, was
den Augen
zu sehen verwehrt ist! Die
Wörter
dreht er herum in seinem
Mund!
Die Schrift liest er rück-
wärts!
Springt wie ein Floh, um
vom eigenen Schatten sich
zu befrein,
und fällt. Nichts hilft ihm.«

»MERLIN *singt:*
Geflogen bin ich
über den Abgrund
roter Vogel,
sah mich
tief unter mir.«

Sie haben aber auch eine spürbare Scheu davor, Themen direkt zu verarbeiten.
T. D.: Wirkliche Aktualität kann man nicht wollen, sie entsteht höchstens.
Viele Theatermacher und Autoren suchen wie Modescouts in den hippesten Clubs die Trends von morgen. Sie dagegen entziehen sich dem Zeitgeist und sind trotzdem einer der meistgespieltesten Gegenwartsautoren.
T. D.: »Merlin« z. B. schien vor zwanzig Jahren plötzlich das Stück der Stunde zu sein. Es ist aber nicht so entstanden. Im Gegenteil: Als ich damals von dem Stück erzählt habe, fragte man mich, was das denn solle, und ich selbst fand es auch etwas peinlich, jetzt ein Ritterstück zu schreiben.

Anfänge

Von der Frage der Tagesaktualität zurück zu Ihren Anfängen. Sie haben mit Marionettentheater angefangen.
T. D.: Ja, als Student. Meine ersten Stücke habe ich für ein Studenten-Marionettentheater geschrieben. Meine Liebe gehörte dem Triadischen Ballett, dem Surrealismus, den Bildern von Klee, dem »Ubu Roi«. Ich fand künstliche Figuren damals interessant. An der Puppe, der Marionette ist alles außen. Es gibt kein Innenleben, keine Psychologie. Man kann nicht so tun, als ob die Figuren wirkliche Empfindungen hätten. Das japanische Bunraku-Theater hat das wunderbar gelöst: Da sitzt der Sänger oder Sprecher separat. Es wird nicht vorgetäuscht, daß die Puppe selber spricht, er spricht für die Puppe. Und die Puppe wird von mehreren, schwarz verkleideten, gewissermaßen unsichtbar gemachten Spielern, die aber nicht unsichtbar sind, geführt. Es entsteht der Eindruck, zwei oder drei Schicksalsgötter manipulieren die Figur. Im Bunraku wird keine Realität vorgetäuscht, und es stellt sich trotzdem ein Bezug zur Wirklichkeit her – eine Art Brechtsche Verfremdung. Zeichen und Metaphern statt Realismus. In einem meiner ersten Stücke kam eine Gerichtsverhandlung vor. Kein Richter war zu sehen, stattdessen stößt ein riesiger Finger auf den Angeklagten zu.
Marionettentheater ist interessant, weil man da nicht in Versuchung kommt, Wirklichkeit zu imitieren?
T. D.: Ja, und trotzdem gibt es das Wiedererkennen.
Hatte Ihre Abwendung vom Marionettentheater mit der Sehnsucht nach Realität, mit der Aufbruchsstimmung der sechziger Jahre zu tun?
T. D.: Im Jahr 1962 hat die Frankfurter Allgemeine Zeitung verschiedene junge Künstler, den Komponisten Stockhausen, den Maler Platschek, Reinhard Baumgart, der einen Roman ge-

schrieben hatte, und mich als jungen Dramatiker gefragt nach unseren künstlerischen Ansichten und Vorstellungen. Manchmal finde ich den Text noch in einem Programmheft abgedruckt und denke, daß das gar nicht so weit weg ist von dem, was ich heute denke. Ich wollte schon immer Geschichten erzählen. Sprache als Sprache hat mich nie interessiert. Sie ist im Dialog ein Mittel der Menschendarstellung. In gewisser Weise bin ich mir treu geblieben. Allerdings habe ich damals einen Hauptmannschen Realismus völlig abgelehnt. Ich fand, daß das Privatleben von Menschen in Theaterstücken nichts zu suchen hat. Das sehe ich heute nicht mehr so. Den Realismus, ja selbst den Wunsch, näher an die Realität heranzukommen, habe ich erst erlernen müssen.
U. E.: Das ist mein Gebiet.
T. D.: Ja, Ursula ist gewissermaßen die Fischerin ... Das war mir von Haus aus nicht gegeben. Ich hatte eher ein formales Talent. Ursula hat ein kluges Ohr.
U. E.: Wir haben unsere Freude daran, eine Entdeckerfreude und Leidenschaft, zu horchen, festzuhalten, wie Menschen sich ausdrücken, wie sie etwas in Worte fassen, was sie bewegt.
T. D.: Wir lieben auch die Farben des Dialekts, besonders des fränkischen natürlich, der unsere Heimatsprache ist. Theaterstücke brauchen eine Bodenhaftung, die sie der Unverbindlichkeit entreißt.
U. E.: Ich glaube, »Merlin« hätte nicht geschrieben werden können ohne die Phase der Parabelstücke.
T. D.: Vielleicht. Die Geschichte, die ich erzählen will, sucht sich ihre eigene Form. Zum Beispiel hätte mir der blanke Realismus der »Korbes«-Handlung nicht gereicht, die Brockes-Passion mit der Musik von Händel gehört ganz wesentlich dazu. Das Ineinander von Allegorie und Realismus ergibt erst das Drama.
Nach in Ihren frühen parabelhaften Stücken wie »Die Kurve« oder »Große Schmährede an der Stadtmauer« gingen Sie erst mit »Toller« – wir sprachen in anderem Zusammenhang schon darüber – entschieden weiter in Richtung Realität ...
T. D.: »Toller« war zunächst ganz anders konzipiert. Ursprünglich sollte die Geschichte 1939 kurz vor Ausbruch des Krieges im Hotel Mayflower in New York spielen, wo sich Toller dann erhängt hat. Eine amerikanische Filmgesellschaft kommt und will mit Toller reden. Sie befragt Toller ausführlich nach seinen Erfahrungen während der Münchener Räterepublik. Bald entsteht ein Konflikt, denn Tollers Erzählungen und die Vorstellungen des Filmteams, das nur am kommerziellen Erfolg interessiert ist, gehen nicht zusammen. Zudem waren Tollers Erinnerungen von expressionistischem Überschwang geprägt. Wo also ist die Wahrheit?

»In Lissabon sehen wir einen merkwürdig schönen ›Merlin‹. Die Truppe O Bando spielt das Stück nicht in ihrem Theater, wir fahren in Richtung Setubal und biegen dann ab von der Hauptstraße in eine bäuerliche, einsame Hügellandschaft. Der Ort der Aufführung ist gut gewählt: ein paar Feldwege kommen hier zusammen und bilden einen kleinen Platz. Auf diesem Platz steht ein großes eisernes Gestell, das an eine Mondlandefähre erinnert. Oben hängt, mit der Spitze nach unten, ein mit Wasser gefülltes durchsichtiges dreieckiges Gefäß, darin, durch die Enge und durch das milchige Wasser nur undeutlich zu sehen, ein gekrümmter Mensch, Merlin, gekrümmt wie ein Embryo. Die Zuschauer sitzen um den zentralen Spielort herum auf bequemen drehbaren Stühlen: drehbar müssen sie sein, denn die Handlung spielt überall, auf dem Stalldach weiter oben, im Busch hinter uns, hinten auf dem gelben Feld, das sich rechts von uns den Hügel hinaufzieht. Die ersten Szenen sehen wir noch im Sonnenlicht, das Auge sieht die Figuren und was sie tun in der weiten schönen Landschaft. Es erinnert an mittelalterliche Bilder. Als es dunkel wird und schließlich ganz finster, holt das Scheinwerferlicht die Szenen aus der Finsternis heraus. Großen Eindruck macht die Szene mit Mordred, der hinter einer Hecke im Licht steht. Dicht hinter ihm bewegt sich, dunkel und in den Konturen unerkennbar, der riesige Engel. Merlin und Viviane hoch oben im Baum. Ein langer scharfer Lichtstrahl vom Hügel herunter über das Feld, dort bewegen sich Menschen, eilig und zögernd, allein und in Gruppen, vielleicht auf der Suche nach etwas. Und ringsum in der Landschaft leuchten mit der beginnenden Nacht rote Dreiecke auf, vier oder fünf größere, in denen sich etwas bewegt, wie jemand, der zu tanzen versucht. Eindrucksvoll in der Nacht

Der ganze Entwurf war mir dann zu geschlossen. Erst die offene Revue-Form machte es möglich, das Ganze als einen Strom von Geschichte darzustellen, in dem Personen für einen Augenblick auftauchen, mitgeschwemmt werden, untergehen oder am Ufer liegenbleiben.

»Toller« war in der Entwicklung ihrer Erzählweise ein ganz entscheidender Punkt. Vom Marionettentheater über die Brechtsche Parabel – die sich bei Ihnen eher mit surrealistischen Sujets füllte – zu realistischeren Verfahren und zur offenen Form.

T. D.: Früher wurde mir gelegentlich vorgeworfen, daß meine Stücke formal zu verschieden seien: Jedes Stück sei anders. Inzwischen bin ich ja in einem Alter, wo ich die Pferde im Stall alle sehe, die meisten gefallen mir noch gut, sogar besser als früher. Ich finde eigentlich, daß sich seit meinen Anfängen mit dem »Gestiefelten Kater« so sehr viel nicht verändert hat. Das hat mich selbst überrascht.

leuchtet von fern die Burg von Palmela herüber, als hätte die Geschichte von dort ihren Ausgang genommen. Und es wirkt nun so, als ob es im Unsichtbaren noch viele Ereignisse und Geheimnisse gäbe, die uns verborgen bleiben.«

Dennoch gibt es die Kontinuität von Figuren und Biographien nicht mehr so wie früher, dafür mehr Fetzen und Assoziationen. Das ist doch auch ein Weltbild, oder? Sprunghafte Biographien, Splitter von Welten, eine zersplitterte Welt auch?

T. D.: So wie man die Welt sieht, so versucht man sie abzubilden.

U. E.: Das Stück »Fernando Krapp hat mir einen Brief geschrieben« hat den Untertitel »Versuch über die Wahrheit«. Was ist Wahrheit? Was ist Wirklichkeit? Was ist objektiv, was subjektiv? Gibt es Wahrheit überhaupt, gibt es viele Wahrheiten, oder ändern sich die Wahrheiten im Laufe der Zeit? Das ist auch ein zentrales Thema von »Merlin«. Wenn man auf das Jahrhundert zurückblickt, das uns gerade entlassen hat, drängen sich solche Gedanken geradezu auf. Was für wahr gehalten wurde, hat unversehens keine Geltung mehr.

T. D.: Aus der Zeit, als ich mit Peter Zadek den Film »Rotmord« (nach »Toller«) gemacht habe, habe ich ein Zitat gefun-

»Korbes«, Hamburg

den, oder habe ich es erfunden? Oder ist es von jemand anderem? »Ich weiß nicht, was die historische Wahrheit ist, alles, was nicht mehr ist, ist nicht wahr.« Wir haben einfach druntergeschrieben: »Valery«. Das war natürlich gelogen, aber damals hat man sich solche Fälschungen einfach frech erlaubt.
U. E.: Die Behauptung war richtig, der Urheber falsch.
Wir sprachen vorhin von der Entwicklung des Dramatikers Dorst mit erheblichen Stilwechseln von Stück zu Stück. Aber auch innerhalb einzelner Stücke – »Merlin« ist hierfür ein besonders gutes Beispiel – schneiden Sie völlig verschiedene Stilelemente gegeneinander: Elemente des Marionettentheaters, des Surrealismus, der Parabel oder des Realismus. Sie harmonisieren nicht zugunsten eines Stils, eines Prinzips. Das Prinzip ist vielmehr die Collage, der Stilwechsel, das Offene und Assoziative, die Lücke.
T. D.: Das für mich Wichtige beim Erzählen von Geschichten ist, daß die Dramaturgie Lücken läßt, Lücken schafft und so Räume für die Phantasie des Zuschauers offenhält. Es muß ein Geheimnis geben, den Blick ins Dunkle. Wenn man alles erklärt und motiviert, dann ist das so öde wie Vorabendserien und vor allem: es ist noch nicht einmal realistisch. Denn auch im Leben

ist ja nicht alles klar motiviert. Wir nehmen ja vom Leben auch nur Fragmente wahr, kleine Ausschnitte, nicht das ganze Leben. Ich mag es, wenn Dinge offenbleiben. Das ist vielleicht rätselhaft und manchmal auch ärgerlich, aber es schafft einen Raum, wo plötzlich ein Durchblick in etwas Dunkles entsteht.

Bei Ihren Stücken ist auffallend, wie stark Sie zwischen realistischen Stoffen – »Die Villa«, »Auf dem Chimborazo«, »Toller« oder auch »Herr Paul« – und sogenannten märchenhaften Stücken, wie »Korbes«, »Merlin«, »Parzival« oder der »Legende vom Armen Heinrich« wechseln. Sogenannt *weil die realistischen Stücke mitunter märchenhaft und die märchenhaften durchaus realistisch sind. In der Verbindung des Phantastischen mit dem Realistischen suchen Sie einen Weg, die Autonomie der Kunst gegenüber dem Tagesgeschäft zu wahren.*

U. E.: Märchen sind meist viel welthaltiger, als wir glauben, und die Realität ist viel phantasiebesetzter, als man gemeinhin denkt. Für »Die Schattenlinie« haben wir afrikanische Märchen gelesen. Sie sind fast immer realistisch – phantastisch und realistisch.

Realität und Phantasie – warum schreibt man vierzig Jahre lang?

T. D.: Weiß ich nicht ... nein ... In dem Stück »Kupsch« stellt sich heraus, daß in jemandem ein anderer ist und herauswill. Er wächst langsam heraus und wird immer größer. Vielleicht ist in mir noch ein anderer, der herauswill.

U. E.: Einer? Viele.

Im Unterschied zu vielen Autoren, die scheu sind und das Theater für sein Unvermögen, Werke adäquat auf die Bühne zu bringen, hassen, sind Sie beide sehr lustvolle und neugierige Begleiter des Theaters.

T. D.: Eigene Stücke sehe ich mir nicht gern an.

U. E.: Jedenfalls nicht die fertigen Aufführungen.

T. D.: Die Proben sind interessant – wie etwas entsteht.

Der Probenprozeß des Theaters ist gewissermaßen die Fortsetzung Ihrer beider Dramatikerwerkstatt. Es gibt viele Fotos von Ihnen auf Proben mit Regisseuren wie Peter Palitzsch, Patrice Chereau, Peter Zadek, Bob Wilson und anderen.

T. D.: Auf der Bühne werden Stücke immer wieder neu zu Ende gedacht.

Seit vierzig Jahren ausschließlich Theaterstücke. Keine Romane, keine Lyrik. Warum?

T. D.: Ich hätte immer gern einen Roman geschrieben, einen umfangreichen – tausend Seiten.

U. E.: Ach nein, all diese Beschreibungen!

T. D.: Mir fehlt die Geduld. Romane schreiben Pfeifenraucher. Frisch, Grass, Uwe Johnson, Manfred Biehler – alles Pfeifenraucher!

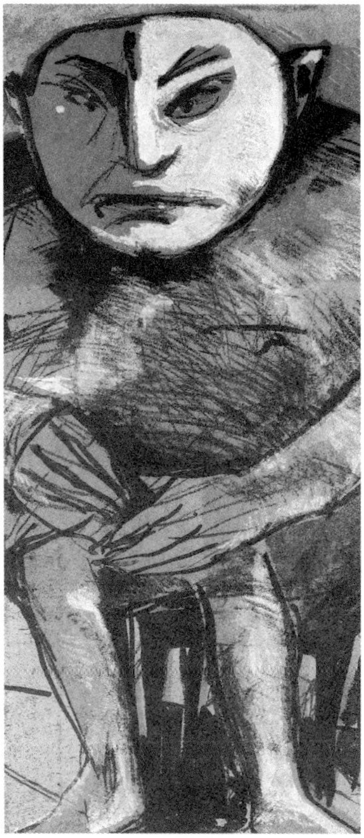

I thought I saw upon the stair
An ugly man who wasn't there
He wasn't there again today
O how I wish he'd go away.

Alter Kinderreim

Ursula Ehler und Tankred Dorst mit Robert Wilson bei den Proben zu »Parzival«. »Wilson arbeitet nicht wie andere Regisseure, er erklärt nicht: es ist eine andere Art von Theater als die gewohnte. Die Proben sind still, konzentriert (aber nicht feierlich). Er spielt einen längeren Gang, den Ablauf einer in ihrer Bedeutung noch nicht erkennbaren Bewegung vor und läßt das nachspielen vom Schauspieler, spielt mit diesem zusammen eine zweite Bewegung, einen zweiten Gang, und dann einen dritten; und erst wenn die dritte Figur eingeführt, die dritte Linie gezogen ist, erklärt sich die Bewegung der anderen und damit das ganze Bild – er arbeitet wie ein Maler.«

Als Junge habe ich immer gedacht, ich schreibe mir das, was ich lesen will, selber. Ich las Jugendbücher wie »Sindbad, der Seefahrer« oder »Sigismund Rüstig« und beschloß, mir meine Abenteuer selber zu schreiben. Auf diese Weise habe ich im Dreißigjährigen Krieg an Belagerungen teilgenommen und habe große Abenteuer im Urwald erlebt und bin mit Kolumbus über den Ozean gesegelt. Diese Naivität geht ja dann leider verloren.
U. E.: Wir finden Personen, wir reden über sie, sie entstehen und verändern sich im Gespräch, sie widersetzen sich oder sie schlüpfen in die Geschichte. Sie werden erkennbar im Dialog, wir streiten uns über sie ...
Und am Schluß stehen sie auf der Bühne.
T. D.: Wenn ich jünger wäre, hätte ich gern selbst ein Theater, kein Staatstheater natürlich, sondern ein beweglicheres, ein kleineres, wo wir die Stücke so aufführen könnten, wie wir sie im Kopf haben.
U. E.: Der Text muß buchstäblich verkörpert werden. Ein Theaterraum ist zunächst leer, ein Nichts, dann kommt das Licht dazu, Wände, Töne und Körper ... Einer kommt herein ... fürchtet sich ... ein anderer kommt dazu ... behauptet etwas.
T. D.: Das ganze Theater ist ja eine Behauptung. Da wird behauptet, die Erde sei ein wüstes Land ...
Womit wir wieder bei »Merlin« sind. – Und bei der Schöpfung. Der Mensch hat, wie man gerade herausgefunden hat, nur 300 Genome mehr als die Maus und nur 1,5% mehr als der Schim-

Parzival begegnet den Rittern und wird von ihnen verhöhnt

panse. Er ist, wie wir eigentlich schon seit Kopernikus und Darwin wissen, tatsächlich nicht die Krone der Schöpfung.
T. D.: Dazu fällt mir Iwain ein und sein Löwe ... die Tiernatur des Menschen.
U. E.: Der Ritter Iwain sitzt immer mit seinem Löwen am runden Tisch. Zwar ist ihm das Vieh peinlich, es stinkt und ist gefährlich, er fürchtet es auch, aber er trennt sich nicht von ihm, denn ohne den Löwen kann er nicht siegen.
Der Gen-Gral, über den wir vorhin sprachen, ist offenbar gar keiner. Denn diese Zahlen belegen auch, daß das, was den Menschen als Menschen im Gegensatz zum Rest der Schöpfung ausmacht, nach wie vor eine terra incognita ist.
T. D.: Ja. Die Entschlüsselung der Gene bringt uns dem eigentlichen Wesen des Menschen nicht näher, glaube ich. Die Psychoanalyse war ein anderes Erklärungsmodell, früher, das hat mir auch nicht genügt. Und die Soziologie schon gar nicht. Verhaltensweisen und Stimmungen mögen als chemischer Prozeß erklärbar werden, aber das Eigentliche, das, was eine Person ausmacht, bleibt doch dahinter verborgen.
Ihr jüngstes Stück heißt »Die Wüste«.
U. E.: Wüste als Unort.
Ein »wüstes Land« wie in »Merlin«, eine Utopie? Utopia bedeutet soviel wie »ein Land, das nirgends ist«. Nur Nicht-Orte kann man mit Traumlandschaften bevölkern ...
T. D.: Das Stück ist noch nicht fertig. Nur eine Rohfassung. Je-

mand, der sich ausprobieren will, dabei ins Extreme geht. In welcher Gestalt ist er mit sich identisch: Wüstling, Asket, Patriot, Elendsgestalt, Dandy, Märtyrer? Vor Jahren habe ich in Algerien ein Foto gesehen, das ich nie vergessen habe: eine kleine steinerne Hütte in der vollkommenen Einsamkeit des gewaltigen Hoggar-Gebirges, im Süden der Sahara. Wer hat dort gelebt?

Hab ich mein Leben geträumet?

Szene aus »Merlin«

»Merlin« in Rotterdam 1985

»Lassen Sie doch! Lassen Sie doch! Es sind doch junge Leute!«

Tafelrunde. Viele Ritter. Sir Girflet liest einen wissenschaftlichen Artikel vor, aber niemand hört ihm zu. Sir Beauface und Sir Persant, zwei sehr junge Ritter, albern herum, tanzen. Andere Ritter unterhalten sich.

SIR ORILUS Hört mal auf mit eurem Geschmuse, ihr beiden Schwulen!

SIR BEAUFACE *hört auf zu tanzen, künstlich erstaunt:* Wie, Onkel?

SIR ORILUS Hast du nicht verstanden? Aufhören sollt ihr!

SIR BEAUFACE *zu Sir Persant:* Hast du ihn verstanden? Ich verstehe den nicht! *Zu Sir Orilus:* Wir geben uns große Mühe, Onkel, aber wir verstehen dich nicht! Ich glaube, du hast die Zähne nicht drin!

SIR ORILUS Paß auf! Sonst haue ich dir in deine Zuckervisage!

SIR GIRFLET *hält Sir Orilus zurück:* Lassen Sie doch! Lassen Sie doch! Es sind doch junge Leute!

SIR LAMORAK Ich wundere mich, daß es erlaubt ist, so über Helden zu spotten, die in vielen Schlachten gekämpft haben.

SIR BEAUFACE *macht ihn übertrieben nach:* Sie verstehen wir sehr gut! Sie haben eine sehr deutliche Aussprache!

SIR PERSANT Nur mein Gesicht ist etwas feucht geworden. *Wischt sich das Gesicht:* Gekämpfffft! *Er prustet und spuckt.*

SIR DODINAS Frechheit!

SIR BEAUFACE Wieso denn, wieso denn? Wir verehren doch die alten Herren – die alten Helden! *Er singt:*

In der Schlacht von Badon
in der großen Schlacht
da hat man Sir Orilus
um seine schönen Zähne gebracht.

SIR KAY Mach keine blöden Witze! In der Schlacht von Badon sind tausend Ritter gestorben – tausend gute Ritter. Da war jeder einzelne zehnmal soviel wert wie dein kleiner Finger.

SIR GIRFLET Sie wollen wohl sagen, daß jeder Finger der Gefallenen mehr wert war als die beiden jungen Leute zusammen.

SIR KAY *wütend:* Ja! Wollte ich sagen! Und sage es auch!

SIR BEAUFACE Ein kleiner Finger? *Zu Sir Persant:* Sag doch mal, was ist dir mein kleiner Finger wert?

SIR ECTOR VON MARIS Und ich habe da meinen Arm eingebüßt! Aber wir haben gesiegt gegen die Wilden!

SIR KAY Da kannst du dich mal vor verneigen, Junge! Das war zu einer Zeit, da habt ihr beiden noch in die Windeln geschissen!

SIR BEAUFACE *verbeugt sich:* Lauter Helden ... lauter Helden! *Trällert:*

Sir Gawain und Sir Lancelot
und Artus the Noble King
das sind so alte Geschichten
da wollen wir gern drauf verzichten
da hören wir gar nicht mehr hin.

SIR PERSANT *fällt ein:*

Sir Lamorak König Artus
Gawain der Super-Held
die stehen uns ziemlich im Wege
die hätten wir gern zur Pflege
ins Museum gestellt.

SIR DODINAS *hat den Text nicht verstanden:* Du willst wohl Sänger werden?

SIR BEAUFACE *ironisch:* Nee, Sänger will ich nicht werden, pfui! Ich will doch kämpfen und sterben!

SIR DODINAS Gut, gut, das ist ehrenvoll!

SIR GIRFLET Warum denn sterben, ihr seid doch schön und jung, ihr beiden!

SIR BEAUFACE Weil so ein alter Uhu werden will wie du!

SIR GIRFLET Ich bin nicht alt. Das macht nur Ihre Jugend, daß ich Ihnen alt erscheine. *König Artus und Merlin kommen herein. Verlegenes Schweigen.*

KÖNIG ARTUS Ich habe euch eben singen hören, Sir Beauface und Sir Persant! Singt weiter! Ich höre euch gerne zu.

SIR BEAUFACE UND SIR PERSANT *zögern.*

SIR MORDRED *höhnisch:* Singt nur! König Artus hört euch gerne zu!

KÖNIG ARTUS Ihr habt wohl ein Spottlied über mich gesungen?

SIR BEAUFACE Nein, nein.

SIR MORDRED *höhnisch:* Ach, es war nur ein Lied über alte Helden.

KÖNIG ARTUS *etwas irritiert:* Auch ihr werdet älter werden, ihr könnt es euch nur noch nicht vorstellen.

SIR PERSANT Ich will nicht alt werden!

KÖNIG ARTUS Wie alt bist du denn?

SIR PERSANT Sechzehn.

SIR BEAUFACE Siebzehn.

KÖNIG ARTUS *zu Merlin:* Siebzehn und sechzehn! – Werden Ideen auch alt, Merlin? Altern und sterben sie dahin wie die Menschen? Erstarren sie wie unsere erstarrenden Arterien, zerbröckeln sie, zerfallen sie in Staub wie unsere Gehirne, erlöschen sie eines Tages wie der Jugendglanz in unseren Augen? – Die Ideen, die Platon gedacht hat, ... die Idee der Erlösung, die Christus uns geschenkt hat, ... die Idee von der Auserwähltheit des Königs, ... die Idee der Brüderlichkeit, ... –

altern die Ideen auch? Und unser Reich, Merlin? Wird es tausend Jahre dauern oder wird es mit uns dahingehen?

SIR GIRFLET Ich bemerke, daß es viel überflüssigen Streit in der letzten Zeit gibt. Es scheint mir, daß einige, besonders einige junge Leute, ratlos und unzufrieden sind.

KÖNIG ARTUS *zerstreut:* Was fehlt euch denn?

SIR IRONSIDE Wie war es denn früher? Wenn ich daran denke! Lieber Gott, wenn ich daran denke! Manchmal denke ich daran, dann reiße ich die Augen auf und frage mich: War es denn wirklich so? Ja, so ist es gewesen: Mord und Todschlag ist es gewesen! Und jetzt: alle an einem Tisch. Ein runder, schöner Tisch! Ist es nicht ein schöner, runder Tisch? Keine Ecken, keine schlechten Plätze! Sitzt du da drüben etwa besser als ich, Sir Kay? Und du, Sir Bedivere, und du! *Zeigt auf jeden, den er anspricht:* Und du, und du! Früher hätten wir uns gegenseitig umgebracht. So war es früher! Und jetzt blickt ein Auge in das andere Auge. Das ist eine höhere Stufe der Menschheit.

SIR GIRFLET Auf dem leeren Stuhl, auf dem Stuhl des Erwählten, wird auch eines Tages ein Ritter sitzen und leuchten!

SIR IRONSIDE Mit der Tafelrunde haben wir einen Anfang gemacht.

JUNGER RITTER Lange her, schon lange her.

SIR LAMORAK Wir haben in Christus eine neue Gesellschaft der Brüderlichkeit gegründet.

SIR AGRAWAIN *höhnisch:* Neue Gesellschaft! Auf meinen Schultern sitzt mein Vater und darauf mein Großvater, und auf dem Großvater sitzt der Vater meines Großvaters. Ich trage einen Turm. Wenn meine Hand das Schwert gegen Sir Lamorak erhebt, dann ist es, weil meine Väter das Schwert gegen ihn erheben.

SIR LAMORAK Was Sie da sagen, was Sie da sagen! Ein Turm von Vätern!

SIR KAY Dann sag doch gleich, du willst den Tisch zu Brennholz machen und die Blutrache wieder einführen. Jeder gegen jeden! Und der Stärkste siegt. Da würdest du dich aber wundern, dann bist du nämlich der erste, der von mir eine in die Fresse kriegt, das würde mein Herz fröhlich machen, kann ich dir sagen.

SIR AGRAWAIN *spöttisch:* Excalibor, Excalibor, wer zog es denn aus dem Stein hervor?

SIR KAY Schon gut!

SIR GIRFLET *Zu seinem Nachbarn:* Da habe ich auf einen Zettel notiert: »Das Abenteuer der Seele, das wahre Abenteuer ...« Das habe ich mir aufgeschrieben, um darüber nachzudenken.

SIR ORILUS So!

SIR MORDRED Ein neuer Anfang, eine neue Gesellschaft! Das ist

Der bucklige, eigensinnige, phantasiebegabte Infant Karlos, von seinem Vater König Felipe zum Herrn der Welt bestellt, wendet sich immer mehr gegen seinen Vater, verschwört sich gegen ihn mit Juan d'Austria, dem schönen Kriegshelden, mit dem demokratischen Egmont und anderen. Es sind dies aber nur Doubles der wirklichen Personen, sie werden auf Betreiben des Großinquisitors zu Karlos geschickt, um ihn des Verrats zu überführen. So lebt Karlos mehr und mehr in einer unwirklichen Welt. Was ist echt, was ist simuliert? Der Vater sperrt ihn in seinem Zimmer ein, läßt Türen und Fenster zumauern. Hier haust Karlos einsam und frißt sich an einer Wildpastete tot.

Jürgen Roses Bilder zu der grellen Geschichte des Infanten Karlos

Der halbverweste Heilige

Die Ärzte öffnen seinen gebrochenen Schädel und betrachten das Gehirn

Das silbrige Kind

Deine Verdammnis schläft nicht.

ein schöner Gedanke! Aber die Geschichte! Die Taten meines Vaters! Wie werde ich fertig mit den Taten meines Vaters?

SIR KAY Es sind alles Heldentaten, Sir Mordred.

SIR MORDRED Wie werde ich fertig mit den Heldentaten meines Vaters?

SIR LAMORAK Taten der Liebe, Taten der Gerechtigkeit!

MERLIN Kay, gib mir eine von den Schüsseln auf dem Tisch.

SIR KAY Da soll man sich drin die Hände waschen, das habe ich neu eingeführt. *Sir Kay gibt Merlin eine leere Schale.*

MERLIN Bring mir Wasser! *Zu Sir Persant:* Willst du dein Alter sehen? *Er gießt Wasser aus dem Krug in die Schüssel.*

SIR PERSANT Da werde ich nichts sehen.

MERLIN Tauche dein Gesicht in das Wasser, dann wirst du sehen.

SIR PERSANT *lacht.*

MERLIN Du fürchtest dich.

SIR BEAUFACE Ich fürchte mich nicht, ich mache es.

SIR PERSANT Ich fürchte mich auch nicht! Ich will nur nicht! Ich habe keine Lust, was werde ich denn da schon sehen!

SIR BEAUFACE Ich mache es! Ich stecke mal den Kopf ins Wasser!

SIR PERSANT Was soll ich denn da schon sehen! Was sehe ich denn da schon!

SIR AGRAWAIN Tu es nicht, Sir Beauface!

SIR BEAUFACE *hat die Schüssel in der Hand, sieht sich zögernd um, lacht:* Soll ich jetzt oder soll ich nicht?

SIR PERSANT Ich mache es jedenfalls nicht!

SIR IRONSIDE Mach es! Und merk dir alles, was du siehst, und gib uns dann einen Bericht darüber.

SIR BEAUFACE Und wenn ich gar nichts sehe?

SIR KAY Dann hast du dir mal das Gesicht gewaschen. *Gelächter und Geschrei.*

JUNGER RITTER Einen zahnlosen Affen wirst du sehen! *Gelächter.*

SIR BEAUFACE *macht eine Grimasse:* So, meinst du? *Geschrei.*

STIMMEN Ja, so! Genau so!

JUNGER RITTER Das stimmt genau! Da brauchst du gar nicht mehr reinzuschauen!

SIR AGRAWAIN Und eine Riesenglatze wie Sir Lamorak!

SIR BEAUFACE Eine Glatze kriege ich nie! Niemand in der Verwandtschaft hat eine Glatze!

SIR ORILUS Los! Mach zu! Laß uns nicht unnötig warten!

SIR BEAUFACE *zögert noch immer.*

MERLIN Du willst nicht? Kay, gieße das Wasser aus!

RUFE Los! Stell dich doch nicht so an! Das ist doch ein Spaß! – Los! – Das ist doch ein Spaß! – Los, steck den Kopf rein! Mach schon! – Kopf rein, Augen auf! – Los! Los!

SIR BEAUFACE *plötzlich entschlossen:* Ich mache es! *Er beugt sich vor und senkt sein Gesicht in die Schüssel.*

RUFE Bravo! – Drinbleiben! Drinbleiben! – Augen auf! – Eins... zwei ... drei ... vier ... fünf ... Mensch, du ertrinkst ja! – Sechs... sieben... acht... Beauface! Komm raus! Wir wollen doch keine Wasserleiche! ... Neun ... zehn ... elf ...! *Sir Beauface hebt langsam den Kopf aus der Schüssel.*

SIR ORILUS Na, wie war es denn?

SIR IRONSIDE Erzähl doch mal! Dreh dich um!

Sir Beauface wendet sich um, und plötzlich hört das fröhliche Geschrei und Gelächter auf: Sir Beauface ist ein weißhaariger, zahnloser, gebrechlicher, sehr alter Mann geworden.

Lange Stille.

SIR BEAUFACE *macht eine kleine, aufmunternde Handbewegung zu der erstarrten Versammlung, macht sie zweimal, macht sie dreimal, weil niemand sich rührt. Mit einer meckrigen Greisenstimme sagt er aufmunternd:* Hoppla! *Noch immer bewegt sich niemand.*

SIR BEAUFACE *macht wieder die aufmunternde Handbewegung:* Was glotzt ihr denn da wie die alten Ölgötzen?... Ich kenne euch! Ich kenne euch alle ganz genau! *Zu Sir Lamorak:* Du warst Sir Lamorak!

SIR LAMORAK Das bin ich doch noch, Sir Beauface.

SIR BEAUFACE *winkt ab. Er zeigt mit dem Finger auf einen anderen Ritter, winkt wieder ab. Jemand lacht auf. Andere fangen auch an zu lachen. Schließlich lachen alle. Sir Beauface erschrickt, will weglaufen, fällt aber hin, weil sein Körper jetzt alt und gebrechlich ist.*

SIR BEAUFACE *ist es peinlich, daß er hingefallen ist, er kichert:* Früher ... bin ich über die Hecke gesprungen!

SIR AGRAWAIN Vor fünf Minuten hättest du noch springen können!

SIR BEAUFACE Ja ... das ist lange her.

SIR AGRAWAIN Fünf Minuten! Da kann man doch nicht sagen: es ist lange her.

SIR BEAUFACE Nein, nein.

SIR AGRAWAIN Ist es nun lange her oder nicht?

SIR BEAUFACE Sir Agrawain, ich kenne dich!

SIR AGRAWAIN Was? Du kennst mich? Du hast aber ein gutes Gedächtnis!

SIR BEAUFACE Ja, ja. – Ein alter Lügner bist du! – Ich hätte gar nicht zurückkommen sollen! Ich hätte dort bleiben sollen!

SIR ORILUS Bleiben? Wo denn?

SIR BEAUFACE Lange her, lange her. Jetzt ist es zu spät. *Haut sich auf die Beine.*

SIR IRONSIDE Wenigstens hast du keine Glatze, Sir Beauface!

SIR AGRAWAIN Du hast wohl was geträumt?

Schon ein paar Erkundungsversuche nach der Zeit genügen, uns in totale Konfusion zu stürzen. Existiert die Vergangenheit? Nein, denn sie ist schon dahin. Existiert die Zukunft? Nein, denn sie ist ja noch nicht da. Gibt es also nur die Gegenwart! Gewiß. Aber ist es denn nicht so, daß diese Gegenwart gar keinen Zeitraum enthält? Es ist so. Nun, so gibt es denn Zeit wohl überhaupt nicht. Richtig: es gibt sie nicht. Die Zeit ist unser Erzfeind und unser innigster Freund, unser einziger totaler Alleinbesitz und das, was wir niemals zu fassen bekommen, unsere Pein und unsere Hoffnung. Es ist schwer von ihr zu sprechen.

Jean Améry

Er wundert sich aber auch über sich selbst, das Vergessen nicht lernen zu können und immerfort am Vergangenen zu hängen: mag er noch so weit, noch so schnell laufen, die Kette läuft mit. Es ist ein Wunder: der Augenblick, im Husch da, im Husch vorüber, vorher ein Nichts, nachher ein Nichts, kommt doch noch als Gespenst wieder und stört die Ruhe eines späteren Augenblicks. Fortwährend löst sich ein Blatt aus der Rolle der Zeit, fällt heraus, flattert fort – und flattert plötzlich wieder zurück, dem Menschen in den Schooss. Dann sagt der Mensch »ich erinnere mich« und beneidet das Thier, welches sofort vergißt und jeden Augenblick wirklich sterben, in Nebel und Nacht zurücksinken und auf immer erlöschen sieht.

Friedrich Nietzsche

SIR DODINAS Wo warst du denn, Sir Beauface?

SIR BEAUFACE Wo ich war! Wo ich war! Ganz genau weißt du es!

SIR ORILUS Hier am Tisch warst du, wie wir!

SIR BEAUFACE Lügner!

SIR IRONSIDE Ist das ein Tisch oder ist das kein Tisch?

SIR BEAUFACE *listig:* Ja, das ist ein Tisch! – In der Wüste war ich, du Dummkopf!

SIR ORILUS In der Wüste?

SIR BEAUFACE Ja, in der heißen Wüste. Da trocknen einem die Augen aus.

SIR AGRAWAIN Ach, auf Abenteuer warst du ausgezogen!

SIR BEAUFACE Ich hätte nicht zurückkommen sollen.

SIR LAMORAK Du hast sicher eine schöne Frau geliebt.

SIR BEAUFACE Ja! *Er haut auf den Tisch.*

SIR AGRAWAIN Wie sah sie denn aus? Was war denn das für eine Frau?

SIR BEAUFACE Eine schöne Frau! *Haut auf den Tisch.* Schwarz!

SIR AGRAWAIN Schwarz? Wie Ruß?

SIR BEAUFACE Eine Prinzessin! *Er haut wieder auf den Tisch.*

SIR AGRAWAIN Dann war es sicher die dickste Prinzessin aus dem Puff von Algier!

SIR BEAUFACE *singt mit seiner hohen Greisenstimme:*

Ich sagte: am frühen Morgen verlasse ich dich
Sie sagte: mein ganzes Leben wart' ich auf dich
Ich sagte: das halbe Leben wär' auch genug
die andere Hälfte, das ist Betrug
Sie sagte ... *Bricht ab* Ich weiß nicht, was sie darauf geantwortet hat ... habe es vergessen.

SIR PERSANT Beauface!

SIR BEAUFACE Ja, laß nur ... Sie sagte ... sie will einen langen Teppich sticken. – Alles was ich mit dir erlebt habe, will ich hineinsticken. Und wenn ich alles hineingestickt habe, dann werde ich ... Ich sagte ... *Er singt:*

Ich sagte: stick nur unsere Geschichte hinein
dann wird's dir 'ne schöne Decke sein
Sie sagte: und wenn ich getan den letzten Stich
dann breche ich auf, dann suche ich dich
Dann suche ich dich bis übers Meer
und nehme mit meine Decke schwer
und wo wir geträumt unsern schönen Traum
da grabe ich aus den Granatapfelbaum
und ich nehme auch mit auf die Reise weit
meinen toten Vater im weißen Kleid
Und nehme auch mit den Wüstensand
und zieh' hinter mir her deines Feindes Hand
Und auch mein Bruder ist mit dabei
und mit uns zieht auch des Vogels Schrei.

Bricht ab: Hat sie gesagt, hat sie gesagt, ja! *Er schlägt auf den Tisch.*

SIR AGRAWAIN Aha! Du hast sie sitzenlassen!

SIR KAY Hast den schwarzen Braten in der Hitze verschmoren lassen!

SIR BEAUFACE *will auf ihn losgehen, droht:* Du Hund! Du Hund! *Er bleibt aber doch sitzen; traurig:* Ich habe nicht mehr hingefunden.

KÖNIG ARTUS *beschwörend:* Siehst du das Glas hier?

SIR BEAUFACE *in Gedanken:* Ein Vogel über ihrem Kopf ...

KÖNIG ARTUS Kannst du dich an das Glas erinnern?

SIR BEAUFACE Die Flügel ausgebreitet ...

KÖNIG ARTUS Sir Beauface, das Glas! Aus diesem Glas hast du eben noch getrunken, es ist noch halb voll, sieh doch!

SIR BEAUFACE Ja, König Artus, ich kenne dich!

KÖNIG ARTUS Wir haben hier gesessen und haben getrunken, es ist seitdem fast keine Zeit vergangen, sieh mich doch an! Sieh die andern an!

SIR BEAUFACE Ja, früher, vielleicht ...

KÖNIG ARTUS Nein, jetzt! Mit Sir Persant hast du eben noch getanzt, als ich hereinkam. *Er winkt Sir Persant heran.* Mit deinem Freund, Sir Persant!

SIR BEAUFACE *zu Sir Persant, lacht:* So jemand wie dich habe ich früher schon mal gekannt, der hieß ...

KÖNIG ARTUS Sir Persant!

SIR PERSANT *zu Beauface:* Komm, tanze mit mir! Komm! Komm! *Sir Persant zieht Sir Beauface vom Stuhl hoch, fängt an, mit ihm Tanzschritte zu machen. Sir Beauface macht sie mit steifen Greisenbeinen mit.*

KÖNIG ARTUS *geht um die beiden herum:* Erinnerst du dich? Warum bist du so steif? Ist dein Körper so alt? Sind auch deine Gedanken alt, hast du die Gedanken eines alten Mannes?

SIR BEAUFACE *stolpert, fällt hin.*

SIR PERSANT *hebt ihn auf* Ich bin Sir Persant. Persant, dein Freund.

SIR BEAUFACE *wieder auf den Beinen:* Ja, ja, du bist Persant! *Er schlägt ihn ins Gesicht:* Du bist ein unverschämter grüner Junge! Das bist du!

SIR LAMORAK Da hat er recht! Da hat er recht! *Klatscht in die Hände.*

KÖNIG ARTUS Wann bist du alt geworden? Wo kommen deine Erinnerungen her? H i e r hast du gelebt!

SIR PERSANT *hat die Schüssel voll Wasser geholt, in die Sir Beauface vorhin sein Gesicht getaucht hat, hält sie ihm hin, will die so beängstigende und schreckliche Verwandlung rückgängig machen.*

SIR PERSANT Hier, tauche dein Gesicht ein! Wasch dir dieses

Man frage sich ehrlich, ob die Schwalbe des heurigen Frühlings eine ganz und gar andere, als die des ersten sei, und ob wirklich zwischen beiden das Wunder der Schöpfung aus Nichts sich Millionen Mal erneuert habe, um eben so oft absoluter Vernichtung in die Hände zu arbeiten. – Ich weiß wohl, daß, wenn ich Einen ernsthaft versicherte, die Katze, welche eben jetzt auf dem Hofe spielt, sei noch die selbe, welche dort vor dreihundert Jahren die nämlichen Sprünge und Schliche gemacht hat, er mich für toll halten würde: aber ich weiß auch, daß es sehr viel toller ist, zu glauben, die heutige Katze sei durch und durch und von Grund aus eine ganz andere, als jene vor dreihundert Jahren.

Arthur Schopenhauer

Wir können die Zeit einem endlos drehenden Kreise vergleichen: die stets sinkende Hälfte wäre die Vergangenheit, die stets steigende die Zukunft; oben aber der untheilbare Punkt, der die Tangente berührt, wäre die ausdehnungslose Gegenwart: wie die Tangente nicht mit fortrollt, so auch nicht die Gegenwart, der Berührungspunkt des Objekts, dessen Form die Zeit ist, mit dem Subjekt, das keine Form hat, weil es nicht zum Erkennbaren gehört, sondern Bedingung alles Erkennbaren ist.

Arthur Schopenhauer

Gesicht wieder ab! Hier! Wasch es ab! Wasch es ab! *Weil Sir Beauface nicht reagiert, drängt er ihm die Schüssel auf. Sir Beauface wird wütend, schlägt ihm die Schüssel aus der Hand, verschüttet das Wasser.*

SIR BEAUFACE *wütend:* Ihr kennt mein Elend nicht!

SIR PERSANT Ich bin doch dein Freund! Eben noch ... *Zu den anderen:* Er kennt mich nicht mehr.

SIR BEAUFACE *hört nicht zu, murmelt klagend vor sich hin.*

KÖNIG ARTUS Mit uns hast du gelebt! Hier hast du gelebt! Dein Vater hat dich aus Wales hierher geschickt, damit du ein Ritter der Tafelrunde wirst. Du warst fünfzehn Jahre alt. Seitdem bist du immer bei uns gewesen, wenn wir gekämpft haben, und wenn wir an diesem Tisch versammelt waren. Zwei Jahre lang! Dies sind deine Freunde, und jeder von ihnen kann es bezeugen! Sir Brandiles, Sir Gawain, Sir Dodinas le Savage, Sir Agrawain, Sir Mordred, Sir Gaheris, Sir Lamorak, Sir Ozanna le Cure Hardy, Sir Kay, der Seneschall, Sir Ladinas vom wilden Wald, Sir Ironside von den roten Ebenen, Sir Lionel, Sir Bohort, Sir Ector von Maris, Sir Bleoberis, Sir Galihud, Sir Galihadin, Sir Palamides, Sir Bors von Gannis, Lancelots Freund, Sir Aliduke, Sir Astamor, Sir Pinel le Savage, Sir Bedivere, Sir Cador, Sir Girflet, Sir Orilus, Sir Safere, Sir La Cote Mal Taille, Sir Nador la Perte ...

SIR KAY *ist nah an Sir Beauface herangetreten und sieht ihm ins Gesicht:* Sir Beauface ist tot! *Großes Erschrecken unter den Rittern.*

KÖNIG ARTUS Sir Beauface ist tot? – *Ruft:* Merlin! Merlin! Sir Beauface ist tot!

SIR AGRAWAIN Wo ist die Schüssel? Zeig die Schüssel her!

SIR LAMORAK *nimmt sie:* Hier ist sie.

SIR KAY Wo ist Merlin?

SIR GIRFLET Merlin soll ihm das junge Leben wiedergeben. *Sie haben den toten Sir Beauface auf den Boden niedergelegt.*

SIR PERSANT *kniet neben Sir Beauface und ruft, wie wenn er einen Sclafenden wecken wollte:* Sir Beauface, wach auf! Mein Freund! Sir Beauface, mein Freund, wach auf! Sir Beauface, mein Freund! Mein Freund! Du bist jung, du warst nicht alt! Du bist jung, du bist jung! Du bist jung!

SIR MORDRED Merlin hat ihn umgebracht!

SIR LAMORAK Nein, so ist es nicht. Er ist an seinem Alter gestorben.

SIR AGRAWAIN *läuft die Galerie hinauf:* Wo ist Merlin?

SIR PERSANT *ruft weinend:* Hätte er den Kopf nur nicht in die Schale gesteckt!

SIR KAY Zerschlagt die Schüssel!

SIR LAMORAK Es ist eine ganz normale Schüssel wie alle anderen Schüsseln auf dem Tisch.

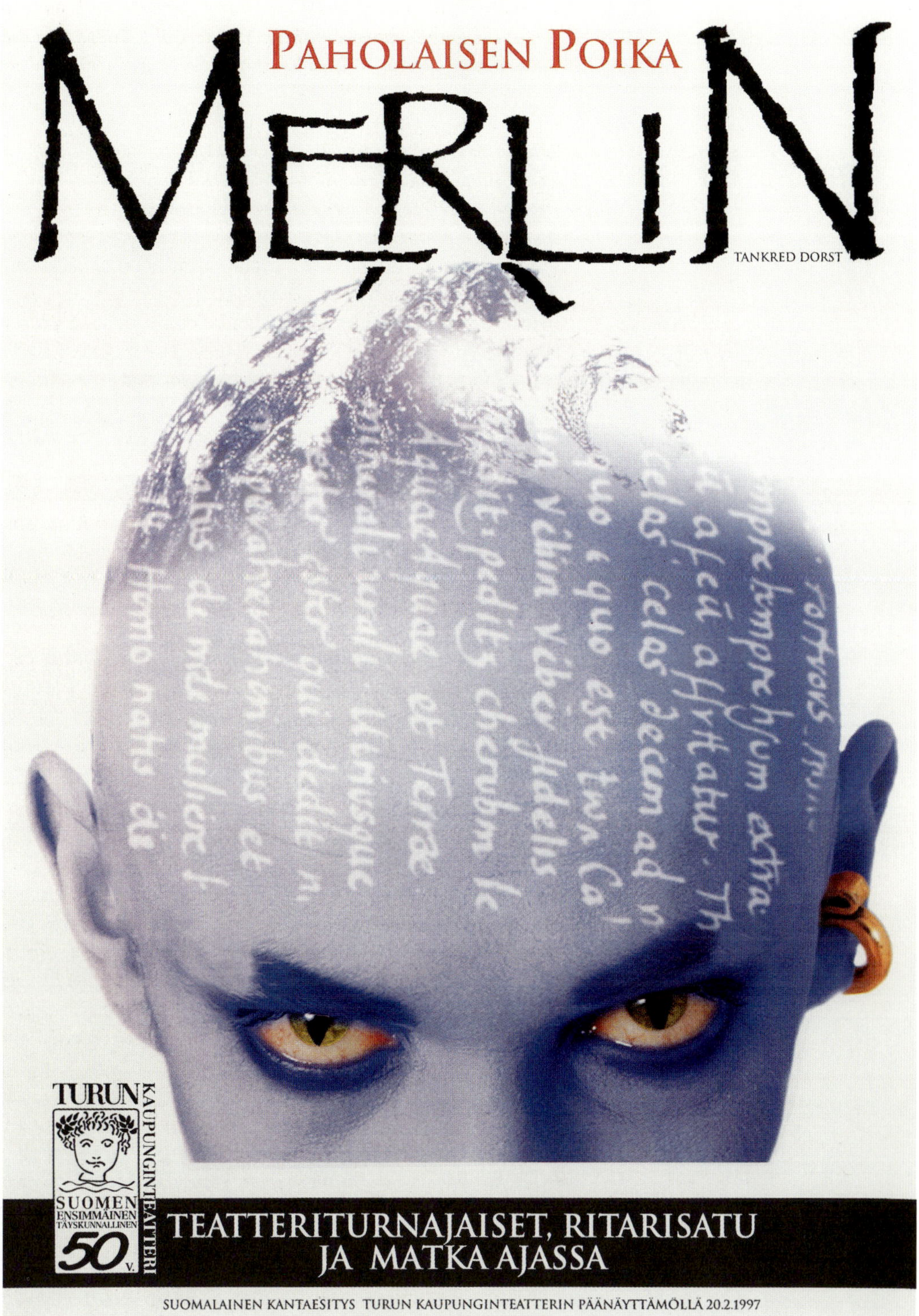
PAHOLAISEN POIKA
MERLIN
TANKRED DORST
TURUN KAUPUNGINTEATTERI
SUOMEN ENSIMMÄINEN TÄYSKUNNALLINEN
50 V.
TEATTERITURNAJAISET, RITARISATU
JA MATKA AJASSA
SUOMALAINEN KANTAESITYS TURUN KAUPUNGINTEATTERIN PÄÄNÄYTTÄMÖLLÄ 20.2.1997

SIR ORILUS Dann schlagt sie alle kaputt! *In großer Furcht schlagen einige Ritter auf die Schüsseln ein, zerschmettern sie auf dem Boden, treten auf den Scherben herum, werfen die Schüsseln gegen die Wände.*

Gleichzeitig oben auf der Galerie:
Königin Ginevra kommt eilig zum Türmer.

KÖNIGIN GINEVRA Wer ist heute angekommen?

TÜRMER Ein Gesandter aus Rom, ein französischer Waffenschmied, ein Schotte, der um Hilfe bittet, Fremde in großen Tüchern, sie fragen nach Sir Beauface ...

KÖNIGIN GINEVRA *schlägt ihn:* Ich will nichts hören, außer von einem! *Sie läuft weg.*

Stille.
Die Ritter sind von Angst erfaßt. Manche setzen sich an die Tafel, andere laufen in stummer Verwirrung herum. Manche sehen sich forschend in die Gesichter, tasten angstvoll zitternd ihre Gesichtszüge ab – haben sie sich verändert? Kennen sie einander noch? Einige knien nieder und beten.

KÖNIG ARTUS *nach einiger Zeit:* Wer hat denn die Türen geöffnet? Ein kalter Wind weht durch die Türen.

SIR LAMORAK Ja, es ist kalt. Ich zittere. *Niemand antwortet.*

Ein hoher, sirrender, rätselhafter Ton ist in der Luft. Das Licht verwandelt sich, wird fahl. Ein Zug fremdartiger, sehr großer Gestalten kommt langsam herein: ein riesiger Neger trägt eine alte Frau, sie sitzt auf einem Gestell mit hoher Lehne auf seinem Kopf, die Füße auf seinen Schultern, mit dem Gesicht nach hinten. Als Kopfschmuck trägt sie einen goldenen Vogel mit ausgebreiteten Schwingen. – Dann ein kostbar gekleideter Greis, der Bruder der Frau. – Vier Diener tragen auf einem Gestell schräg aufgerichtet den Leichnam des toten Vaters in weißen Laken. – Ein gebrechlicher Alter mit einer eisernen Maske vor dem Gesicht schleppt einen abgeschlagenen riesigen Menschenarm, der ganz verdorrt ist. – Ein Mann mit weiten wehenden Ärmeln. – Ein nackter Mann, dessen Haut von Wunden und Schorf gefleckt ist wie die leidende Haut der Erde. Mückenschwärme. Er trägt ein großes Bündel auf dem Kopf. – Ein verdorrter Baum mit braunen Blättern. – Dieser Zug kommt langsam und lautlos herein. Man hört kein Geräusch von Schritten, es wirkt, wie wenn sie alle durch tiefen Sand gingen und gegen einen starken Wind angehen müßten. Sie steigen auf die Tischfläche hinauf. Das Stoffbündel wird auseinandergefaltet: es ist ein großes seidenes Tuch, mit Figuren bestickt. Der Mann mit den weiten Ärmeln hebt die Arme, und aus sei-

nen Ärmeln rinnt Sand heraus, unendlich viel Sand, die ganze Zeit, solange die Fremden da sind. Allmählich verwandelt sich die runde Tafel in eine Sandwüste.

KÖNIG ARTUS *ruft:* Merlin!
MERLIN *erscheint oben auf der Galerie, gibt keine Antwort.*
KÖNIG ARTUS Wer ist das? *Langes Schweigen.*
Die Ritter sind von dem Tisch zurückgewichen, erst allmählich wagen sich einige heran, um die Fremden aus der Nähe zu betrachten. Sir Orilus geht langsam, mit vorsichtigen Schritten um den ganzen Tisch herum. Sir Girflet hat seine Brille aufgesetzt und beugt sich vor, um das gestickte Tuch zu betrachten.
SIR GIRFLET *flüstert:* Das gestickte Tuch!
SIR ORILUS *hat sich von der Seite an die Gruppe herangemacht, um die Frau auf dem Kopf des Negers zu betrachten, zeigt auf die Frau, flüstert:* Die Frau! – Der Bruder!
SIR IRONSIDE *streckt den Arm aus, deutet auf den Kopf der Frau, flüstert:* Da ist der Vogel auf dem Kopf!
SIR AGRAWAIN *flüstert:* Der tote Vater!
ANDERER RITTER Sie haben ihn ausgegraben!
SIR DODINAS *faßt in den Sand, flüstert:* Der Sand! Die Wüste ist mitgekommen!
SIR LIONEL *flüstert:* Die Hand! Die Hand seines Feindes!
SIR BRANDILES *flüstert:* Der Baum! Das ist der Baum!
KÖNIG ARTUS *zu den Fremden:* Ihr sucht Sir Beauface?
SIR PERSANT *weint:* Sir Beauface ist tot! *Es wird dunkel.*

Als es wieder hell wird, sind die Ritter und die Fremden verschwunden. König Artus liegt mit dem Gesicht im Sand.

SÄNGER

Vergangen vergangen
sind alle meine Jahr
Hab' ich mein Leben geträumet
oder ist es wahr?

»Merlin« in München

Die Fülle der Bilder ist unglaublich. Sie ist von umwerfender Phantasie. Johannes Schütz ist unendlich viel eingefallen, manchmal mehr, als für ein ineinandergreifendes Fortschreiten der erzählten Geschichte guttut. Licht-Visionen, Laserbündel, die hohen Galerien; die schwarz verhangenen Proszeniums-Wände werden zu Burgtürmen, eine Säule wird für König Artus zur Haut; ein schwarzer, spitzer Winkel mit ein paar Öffnungen darin, und schon ist ein mittelalterlicher Prospekt vor unseren Augen. Zarte Bilder und solche, in denen der Mythos eingefangen ist. Andere wieder, bei denen Schütz nur in die bewährte Trickkiste gegriffen hat.

Hans Schwab-Felisch

Das Staunen im Parkett wurde physisch spürbar, wenn der optische Reichtum von Bildern sich entfaltete, ohne ihrer szenischen Präzision Abbruch zu tun – Bilder aus Minnesangs Frühling, überblendend in den Herbst des Mittelalters, in ihrer Flüchtigkeit so kalkuliert, daß sie zum Plakat nicht erstarrten: Sie fallen ins Unterbewußtsein, ins Reservoir für Träume – am farbigen Abglanz haben wir das Leben, und die Wirklichkeit ist weit. Während das Publikum im musikalisch untermalten dunklen Chaos seine Sitze sucht, irrlichtert über die von Johannes Schütz entworfene und von Max Keller beleuchtete Bühne schon ein Punktscheinwerfer, himmlisches Fixieren der heidnischen Götter, die ein illuminierter Christus am Kreuz (erster Szenenbeifall) dann unter heidnischem Blitz und Donner vertreibt.
Der pompöse, von Fanfaren begleitete, das religiöse Symbol zitierende Auftakt wird sogleich konterkariert von der Clownerie bei Merlins Geburt. Solche Gegenläufigkeit prägt die Münchner Inszenierung, die dramaturgisch souverän mit dem Dorstschen Material umgeht.
Der schwarze Vorhang, vor dem gespielt wurde, wenn größere Bühnenbewegungen anstanden, war mit einer vornehmen güldenen Linie begrenzt. Dieser Goldrand schmückt alle Bilder, noch die wüstesten, und faßt unsichtbar die Aufführung ein. Dorn hat die Schauseite des Dorstschen Entwurfs ausgemalt, und dies so bildtrunken, daß sogar der Nihilismus des Schlusses noch wie eine Droge wirkt.

Heinz Klunker

Im Planetarium

König Artus:
Bin *ich* das, Merlin, was hier steht
und denkt,
und was die schweifenden Gedanken
zur Tat
gerinnen läßt? Sind das *meine* Taten?
Und die Geschichte, die nach
dampfender Vorzeit
mit *mir* beginnt und weit in alle
Zukunft
hinzielt: ist sie, Merlin, *meine*
Geschichte?
Merlin:
Welche sonst?
König Artus:
Deine!
Merlin:
Meine?
König Artus:
Und wenn du es bist, der macht, daß
ich
Geschichte mache: wer ist es, der
deine
gemacht hat? Ist es der Teufel?
Ist es Gott?

Der erloschene Zwergplanet

Der erloschene Zwergplanet, der zu einem flach eliptischen, das galaktische Zentrum der Milchstraße in 30 000 Lichtjahren Entfernung umkreisenden Sonnensystem gehörte, hatte nur einen Mond, geringen Durchmesser, hohe Dichte und feste Oberfläche. Darin glich er dem kleineren Schwesterplanetoiden seines Sonnensystems. Die langen Rotationsperioden veränderten zyklisch den Einfall des Sonnenlichtes, so daß helle und dunkle Perioden, warme und kalte Perioden einander abwechselten.
Auf seiner erstarrten Außenhaut aus Gestein und Metall bildete sich unter der schützenden Umhüllung einer feuchten Aura aus Sauerstoff und Stickstoff, in der sich das Licht brach und sie blau färbte, durch organisch-chemische Vorgänge eine planetarische Flora von großer Vielfalt. Sie überzog die Oberfläche des Planetenballs wie ein grüner Flaum. Später entwickelten sich auch verschiedene vielzellige Lebenformen. Sie konnten sich frei bewegen und paßten sich in Form und Färbung den Gegebenheiten ihrer Umwelt an. Kurz vor dem Ende des Sterns entstand aus den mehrzelligen Organismen eine Vielzahl verschieden pigmentierter androgyner Wesen: Sie waren zweigeschlechtlich angelegt und pflanzten sich mit lebend geborenen Nachkommen fort, die sich aus Samen im weiblichen Wirtskörper bildeten. Diese Lebensform von niedriger Intelligenz war jedoch mit rudimentären Erkenntnissen über ihr Entstehen und minimalen Einsichten in die Zusammenhänge ihres Sonnensystems ausgestattet. Sie entwickelten vermutlich eine gewisse Kultur mit primitiven Religions- und Gesellschaftsformen und erreichten wohl zu gewissen Zeiten ein schwaches Bewußtsein ihrer Vergänglichkeit. Es ist nicht erwiesen, inwieweit sie das Ende des Planeten voraussahen oder sogar herbeiführten. Die wenigen Spuren ihrer Existenz bleiben rätselhaft.

Den Realismus erweitern (1999)

Was ich immer wieder versuche: eine andere, neue Dramaturgie zu schaffen, die hinausgeht über die einfache, sozusagen bürgerliche Handlungsdramaturgie und die auch nicht eine Fortsetzung des Brechtschen epischen Theaters ist. Was ich darstellen möchte, muß auch eine eigene Dramaturgie finden.
Ich merke immer mehr, daß ich sehr von Bildern ausgehe. Ich habe Bilder im Kopf oder Rudimente von Szenen, Dialogstücke, Fetzen manchmal nur, bei denen mich eine Scheu daran hindert, sie von vornherein in eine dramaturgische Ordnung zu bringen. Ich empfinde dann, daß die herkömmliche Dramaturgie zu sehr auf Zweckmäßigkeit gerichtet ist: Wie kann man mit wenigen Personen eine Handlung spannend erzählen? Das ist eines der Grundprinzipien der üblichen Dramaturgie. Und in der bürgerlichen Dramaturgie besteht immer die Forderung, daß die Personen sich ändern. Das stammt von Gustav Freytag, glaube ich, daß man sagt, die Personen müssen eine Katharsis durchmachen, irgendwie müssen sie am Schluß anders sein als am Anfang. Das ist ein schönes Ideal. Aber ich sehe dafür im Leben keine Entsprechung. Das Leben hat auch keine stringent ablaufende Handlung, keinen geordneten Fortgang. Und die Menschen – zumindest in meiner Umgebung – ändern sich auch nicht so ununterbrochen, wie das vielleicht wünschenswert wäre. Also ist das nur eine theatralische Forderung, die vielleicht aus der Hoffnung resultiert. Jedenfalls ist es eine fortschrittsgläubige Dramaturgie. Und ich selber glaube an diese Sachen nicht so sehr, eher immer weniger. Und ich meine, Stücke sollten der eigenen Befindlichkeit entsprechen. Ich kann auch gar nicht anders schreiben als ich bin, als ich gestimmt bin, weder im Inhalt noch in der Form. Immer weniger eigentlich.
Mich faszinieren einfach zwei Sachen: Das eine ist die Realität, die ich mir sogar aufschreibe, um sie festzuhalten – Dialoge zum Beispiel. Eine Zeitlang hatte ich sogar die ganz starke Neigung, mich an Realität festzuhalten, an dem, was ich für Realität hielt und was in gewisser Weise ja auch Realität ist: wie Leute wirklich reden, wie der Mensch sich durch Sprache ausdrückt oder auch, was er in der Sprache ausdrücken kann und was er nicht auszudrücken vermag.
Ich komme immer mehr zu der Einsicht, daß unser Begriff von Realität zu eng ist. Und die Realität im Theater ist sogar noch enger: ein Zimmer mit Leuten, die miteinander reden und umgehen und dramatische Szenen haben. Schon die dramaturgische Ordnung ist genau besehen ein Verlust an Realität. Realität ist doch etwas sehr viel Weiteres, Größeres, und unsere

Vorstellungen sind natürlich ebenso eine Realität wie das, was wir vor Augen sehen. Es gibt nicht nur eine Realität der Augen und der Ohren, sondern eine des ganzen Kopfes, die man auch darstellen müßte, wenn man auf Realität versessen ist.

Das war das eine. Und zum anderen habe ich gefunden, daß wir mit Psychologie und Soziologie auch unsere Vorstellung vom Menschen sehr verengt haben, daß diese beiden Wissenschaften nicht ausreichen, um zu erklären, was ein Mensch ist, was in einem Menschen vorgeht. Daraus entstand mein Wunsch, die bürgerliche Dramaturgie im ganzen anzugreifen und aufzulösen.

Aber darin liegt auch eine Gefahr, nämlich die der Unverbindlichkeit, des Verlusts der Kontrolle. Wenn man die Handlungsdramaturgie aufgibt, verliert man ein bißchen die innere Zwangsläufigkeit des Ablaufs. Das einzige Kriterium für diese Art zu schreiben ist das Gefühl für die Sache, aber ich glaube, ich habe dieses Gefühl schon sehr genau. Es ist natürlich ein subjektives Gefühl. Ich möchte eigentlich den Realismus nicht aufgeben, sondern nur erweitern.

Der nackte Mann

Parzival liegt am Wegrand. Er denkt, außer ihm sei niemand mehr am Leben. Den Vogel hält er für einen Stein. Er sieht die rotblühende Kastanie und glaubt, der Baum verbrennt in einem Feuersturm. Die sprühende Quelle ist ihm wie wirbelnder Staub. Seine Verzweiflung ist so groß, daß er die Dinge nicht mehr mit ihrem Namen benennen kann.
Da taucht ein großer nackter Mann auf, er läuft an ihm vorüber und sagt:
Verzeih mir, verzeih mir!
Wofür?
Ich bin hier vorbeigekommen, da ist ein Staub auf dich gefallen.
Das ist mir egal, das macht mir nichts aus, *sagt Parzival.*
Dir macht es nichts aus, so? Aber mir macht es etwas aus! Ich habe dich nicht genügend geachtet.
Das macht mir nichts aus, *sagt Parzival noch einmal.*
Der nackte Mann verneigt sich vor ihm bis zur Erde und ruft:
Ich danke dir, ich danke dir! Du machst meine Schuld kleiner!
Dann läuft er weiter.
Parzival läuft dem nackten Mann nach, der nackte Mann dreht sich nicht um. So laufen sie hintereinander, zuerst durch das wüste Land, wo es nur Steine und Staub gibt, dann fangen Grashalme an zu wachsen zwischen den Steinen, dann ist der steinige Grund ganz mit dem weichen Grasteppich zugedeckt, dann laufen sie durch Felder, die neu angepflanzt worden sind, am Feldrain hocken Leute in kleinen Gruppen beieinander. Sie laufen durch eine Stadt, wo Parzival den nackten Mann im Menschengewimmel fast aus den Augen verloren hätte. Dann durch Wälder und am Fluß entlang auf das Gebirge zu. Weit oben, wo der Fluß schmäler wird, springt der nackte Mann über die Steine im Wasser zum anderen Ufer hinüber. Parzival folgt ihm und sieht, wie er in einer Lehmhütte verschwindet. Parzival sieht viele Tiere bei der Hütte, alle scheinen friedlich beieinander zu wohnen, obwohl auch gefährliche Raubtiere darunter sind, Löwen und Bären und Habichte, und große Schlangen von den Bäumen herunterhängen; die Enten und Hühner und kleinen Vögel scheinen sich nicht vor ihnen zu fürchten. Das sieht Parzival, legt sich hin und schläft ein.
Am andern Morgen steckt er den Kopf durch das Fensterloch in der Hütte und sieht neugierig hinein. Da schreit der nackte Mann drinnen:
Geh weg! Geh weg von mir! Ich bin ein Verbrecher!
PARZIVAL Was hast du denn getan?
DER NACKTE MANN Ich habe gemordet und getötet! Und du, was hast du verbrochen?

PARZIVAL Ich?
DER NACKTE MANN Ja! Du!
PARZIVAL Ich bin Parzival!
DER NACKTE MANN Wo kommst du her?
PARZIVAL Ich bin dir nachgelaufen.
DER NACKTE MANN Warum denn?
PARZIVAL Aus Neugier. Du hast dich bis zur Erde vor mir verbeugt und hast mich gebeten, dir zu verzeihen.
DER NACKTE MANN Ja, das habe ich!
PARZIVAL Du hast mir doch gar nichts angetan.
Der nackte Mann verbeugt sich wieder tief und sagt:
Verzeih mir, daß ich dich neugierig gemacht habe!
PARZIVAL Laß mich zu dir hinein!
DER NACKTE MANN Geh weg! Geh deinen Weg! Ich will mit dir nichts zu tun haben!
Parzival weiß nicht, was er noch mit ihm reden soll, und geht weg. Er wundert sich, daß der nackte Mann seinen Namen nicht kennt, wohl noch nie von ihm gehört hat, jeder Mensch auf der Welt hat doch von Parzival gehört! Jeder weiß doch, wie er um sich haut! Inzwischen ist es Mittag geworden. Da geht er wieder an das Fensterloch, steckt seinen Kopf hinein und sagt:
Du hast wohl Angst vor mir?
Meinetwegen, komm rein! *antwortet jetzt der nackte Mann.*
Ich bin Parzival! Ich habe alle meine Feinde erschlagen!
Du armer Mann! Du arme Seele! Iß eine Rübe, iß von der Suppe!
Parzival geht in die Hütte. Der Boden ist mit Schnecken bedeckt. Parzival sieht sich vor, daß er keine zertritt.
Sie essen zusammen die Suppe.
PARZIVAL Rede von deinen Verbrechen!
DER NACKTE MANN Rede du lieber von deinen Verbrechen, du Verbrecher!
PARZIVAL Was verstehst denn du? Ich bin ein Ritter! Ich habe Sir Ither umgebracht, mit einem Stecken, damit ich ein Ritter wurde. Dann bin ich in den Ländern herumgezogen, habe um mich geschlagen und habe Gott gesucht.
So, *sagt der nackte Mann,* hast du ihn denn gefunden?
Nein, *sagt Parzival,* ich bin in eine Wüste geraten.
Da fängt der nackte Mann an zu lachen, er schüttelt sich und biegt sich und schreit vor Lachen.
Parzival deutet auf seinen weit aufgerissenen zahnlosen Mund und sagt:
Jetzt hast du eine Mücke verschluckt!
Der nackte Mann klappt den Mund zu, starrt Parzival mit roten Augen an und spricht kein Wort mehr mit ihm.
Parzival geht hinaus ins Freie, wirft Steine in den Fluß und treibt sich im Wald herum. Erst am nächsten Tag setzen sie das Gespräch fort.

PARZIVAL Sag mir doch endlich, was das für Verbrechen sind, die du begangen hast!

Der nackte Mann hat sich jetzt ein Tuch um den Mund gebunden, so kann Parzival nur schwer verstehen, was er sagt.

DER NACKTE MANN Ich war Bauer.

PARZIVAL Ein Bauer warst du?

DER NACKTE MANN Ja. Ich hatte einen Acker, ich hatte eine Frau und zwei Söhne.

PARZIVAL Ein Bauer? Ein Bauer führt doch ein friedliches Leben! Er kämpft doch nicht! Oder hast du deine Frau umgebracht und deine Kinder? Das trau ich dir schon zu! Und ich sehe sie ja nicht hier sitzen.

DER NACKTE MANN Meine Frau ist gestorben. Da bin ich mit meinen Kindern zur Witwe meines Bruders gegangen.

Ja, gut! Aber das Verbrechen! *ruft Parzival ungeduldig.*

DER NACKTE MANN Sie saß allein auf dem Acker. Der Mann war weggelaufen. Er wollte kein Bauer mehr sein. Er wollte zu den Kanonieren. Kanonen abfeuern. Wollte töten und morden wie du.

PARZIVAL *lacht gutmütig:* Meinetwegen! Aber du, was hast *du* getan?

DER NACKTE MANN Ich habe sie geheiratet. Die Steine habe ich aus ihrem Acker geklaubt und ihren Pflug habe ich gezogen. Eines Tages habe ich gesehen, ich bin ein Verbrecher wie er.

PARZIVAL Wie wer?

DER NACKTE MANN Wie mein Bruder auf der Kanonenkugel!

PARZIVAL Wie hast du das denn gesehen?

DER NACKTE MANN Ich habe mich über den Pflug gebeugt und habe die aufgerissene Erde gesehen.

Was kannst du denn da Schlimmes gesehen haben! *lacht Parzival.*

DER NACKTE MANN Daß ich ein wildes Tier bin, ein Räuber, ein Schädling! Daß ich nicht wert bin, aufrecht über die Erde zu gehen! Ein Töter von allem was lebt! Das habe ich gesehen, du Dummkopf!

Er ist so aufgeregt, daß ihm die Wörter im Mund durcheinanderfallen und Parzival sein Schreien und Stammeln kaum verstehen kann.

Nimm doch das Tuch ab! *sagt Parzival.*

Der nackte Mann nimmt das Tuch vom Mund und schreit:

– Käfer mit zerbrochenem Flügel! Zerquetschte Maulwürfe! Zerschnittene Würmer! – Ich war nicht besser als mein Bruder, der ein Kanonier und Mörder geworden ist!

PARZIVAL *lacht:* Würmer und Käfer!

DER NACKTE MANN Ich habe den Pflug stehenlassen, ich bin weggegangen.

PARZIVAL Ein Wurm ist doch weniger als ein Mensch!

DER NACKTE MANN Ach du Dummkopf!

PARZIVAL Sag das noch mal!

DER NACKTE MANN Du Dummkopf! Du Dummkopf!

PARZIVAL *springt auf, holt mit seinem Schwert aus:* Wenn du noch mal Dummkopf sagst, erschlag ich dich! *ruft er voller Wut, daß er so lange gutwillig zugehört hat.*

DER NACKTE MANN Siehst du jetzt, was du für ein Totschläger bist! Erschlag mich doch!

PARZIVAL Du willst mich nur reinlegen!

DER NACKTE MANN höhnt: So einer glaubt, daß er ins Paradies paßt! Nie wirst du im Paradies sein!

– Verzeih mir, heiliger Mann, *sagt nun Parzival,* ich muß lernen, meinen Jähzorn zu beherrschen. *Er schleudert das Schwert aus dem Fensterloch und setzt sich nieder. Draußen schreien die Hühner. Der nackte Mann läuft hinaus. Parzival fängt an, die*

eisernen Platten seiner Rüstung aufzuschnallen und abzulegen. Der nackte Mann kommt mit einem toten Huhn zurück.
– Siehst du, *sagt Parzival fröhlich,* mein Schwert habe ich weggeworfen, jetzt ziehe ich auch noch die Rüstung aus! So gut habe ich deine Lehre verstanden. Jeder, der mich umbringen will, kann mich jetzt umbringen: mit einem Schwert, mit einem Pfeil oder sogar nur mit einem spitzen Ast, den er mir in den ungeschützten Hals bohrt.
Du hast das Huhn getötet.
Ach, hat mein Schwert es getroffen?
Du kannst nichts anderes als töten.
Das ist nicht wahr, ich will genau so heilig sein wie du! Du wirst es schon sehen!
Nie! Nie! Nie wirst du das können! *höhnt der nackte Mann.*
Du wirst es schon sehen!

Nun versucht Parzival so zu leben wie der nackte Heilige, er jagt keine Tiere mehr, schwindlig vor Hunger ißt er Pflanzen und Beeren und Gras, vor jedem Schritt fegt er mit einem Zweig den Boden vor seinen Füßen, damit er nicht versehentlich ein Lebewesen zertritt.

Eines Tages, als Parzival bei einem Entennest sitzt und darauf wartet, daß die Jungen aus den Eiern schlüpfen und nach Futter schreien, stößt ein Reiher aufs Wasser herunter. Parzival sieht einen Fisch in seinem Schnabel zappeln, wirft sich ins Wasser und erwischt den Vogel gerade noch an den Beinen, als er davonfliegen will.
Verräterischer Vogel! *schreit Parzival und reißt ihm mit beiden Händen den Schnabel auseinander, damit der Fisch wieder ins Wasser springen kann.*
In diesem Augenblick kommt der nackte Mann vorbei und lacht:
Hast du nicht aufgepaßt! Bist du ins Wasser gefallen!
Ich habe einen Fisch vor dem Reiher gerettet!
Verflucht bist du!
Der Reiher wollte ihn gerade verschlingen!
Verflucht bist du! Ein Verbrecher!
Da schwimmt der Fisch fröhlich im Wasser!
Und der Reiher?
– Was soll denn mit dem Reiher sein? Er ist ein Räuber, er ist in das friedliche Paradies eingefallen, das habe ich gesehen!
Mische dich nicht immer ein!
Wie soll ich denn glauben, daß die Räuberischen sanft werden, ohne daß ich mich einmische?
Der nackte Mann wirft die Arme in die Luft und verdreht die Augen, daß man nur das Weiße sieht.

Ich will den Schwachen helfen, *sagt Parzival trotzig.*
– Den Schwachen helfen! Und den Reiher läßt du verhungern! Stark und schwach! Das hast du dir so ausgedacht in deinem dummen Eisenkopf! Stark und schwach! Das hast du dir ausgedacht, weil du selber stark sein willst, weil du kämpfen willst, weil du dich einmischen willst! Weil du richten willst darüber, was lebenswert ist und was nicht wert ist zu leben, weil du Gott sein willst, du dummer Eisenkopf! Dabei bist du nicht mehr als ein Wurm, du nimmst nur mehr Platz weg!
Parzival sieht, wie Fische aus dem Wasser schnellen.
Der nackte Mann höhnt:
Paß nur auf, daß sie nicht die Wasserflöhe schnappen!
Da schlägt Parzival mit flachen Händen aufs Wasser, aus Zorn über den Heiligen, rutscht aus, fast ertrinkt er.

Parzival verbringt die folgende Zeit damit, die Tiere zu beobachten, die in dem Paradies des nackten Mannes leben. Er sieht die Enten und die Schnecken, die Hühner und den Fuchs, die Schlangen, den Elefanten, den Panther und das Schaf, die Tauben, die Katze, die mit der Maus spielt, die Fische und den Ot-

ter, den Frosch und die Fliegen. Er ist mißtrauisch: leben sie wirklich alle friedlich beieinander und tun sie einander nichts? Er will dahinter kommen, wovon sie leben, wenn sie einander nicht töten. Er liegt im Schilf und beobachtet den Frosch, den eine Fliege umschwirrt. Der Frosch glotzt sie an, ab und zu schluckt er, dabei schieben sich die Lider über seine vorquellenden Augen. Weil aber gar nichts weiter geschieht, schläft Parzival bei dem gleichmäßigen Surren der Fliege ein. Als er erwacht, ist die Fliege verschwunden, er sieht gerade noch, wie der Frosch wieder mit geschlossenen Augen schluckt. Hat er die Fliege geschnappt, oder ist sie weggeflogen? – Er sperrt die Katze mit den Mäusen zusammen, die er vorher mit Mühe gezählt hat. Als er am andern Tag nachsieht, zählt er statt zwölf Mäusen sechzehn. Er beobachtet tagelang den Panther, wie er träge im Baum hängt, unter sich die weidenden Schafe. Einmal, als Parzival nachts heimkommt, ist er verschwunden und er kann ihn nirgendwo in der Nähe entdecken. Am nächsten Morgen liegt er wieder auf dem Ast und räkelt sich. Wo ist er in der Nacht gewesen? Hat er draußen in der Wildnis gejagt oder hat Parzival ihn nur nicht gefunden in der Nacht, die so schwarz war wie sein Fell. Parzival legt den Enten dicke Regenwürmer hin, sie beachten sie nicht. Er starrt auf die Hühner, auf die Schlangen, die vom Dach herunterhängen, auf den Hecht unter dem Stein im Wasser, bis ihm die Augen schmerzen.
– Bin ich es allein, der Hunger hat? *denkt er.* Oder hat der schlaue Heilige die Tiere in diesem Garten so dressiert, daß sie gegen ihre Natur leben? Aber dann müssen sie doch sterben! Wie kommt es, daß ich niemand sterben sehe?

Parzival sieht über den Fluß. Da kommt drüben auf der anderen Seite eine Frau mit einem Karren. Sie schiebt ihn mit großer Anstrengung vor sich her, ein Knabe hilft ihr dabei. Der Karren ist mit Steinen beladen. Auf den Steinen liegen zwei tote Kinder. Die Frau bleibt stehen, nimmt einen Stein vom Karren und wirft ihn über den Fluß.
Parzival sieht ihr zu.
Sie nimmt noch einen Stein, wirft ihn herüber, einen dritten Stein.
Parzival läuft in die Hütte des nackten Mannes.
PARZIVAL Drüben am Ufer steht eine Frau und wirft Steine herüber.
DER NACKTE MANN Bete für Sie!
PARZIVAL Kennst du sie denn? Was will sie denn von dir?
DER NACKTE MANN Wie gut, daß sie nicht über den Fluß kommt!
PARZIVAL Aber sie steht schon im Wasser! Sie will herüber!
DER NACKTE MANN Das Wasser kommt vom Gebirge herunter,

weil der Schnee schmilzt. Wie es rauscht! Wie es sprüht! Wie es schreit! Wie es brüllend über den Felsen stürzt!

PARZIVAL Die Frau schreit! Hörst du sie nicht?

DER NACKTE MANN O die göttliche Kraft des fallenden Wassers! Wie es gewaltig zum Meer hinunterstrebt!

Da rennt Parzival wieder hinaus. Die Frau steht drüben und wirft schreiend, voller Wut, Steine herüber. Die Wut gibt ihr solche Kraft, daß sie bis zur Hütte fliegen. Auch der Knabe, der bei ihr ist, nimmt Steine vom Wagen und wirft sie.

Was willst du? *schreit Parzival über den Fluß.*

Das sind die Steine von meinem Acker!

Parzival geht zur Hütte und sagt zu dem nackten Mann:

Sie wirft die Steine, die sie von ihrem Acker aufgelesen hat.

DER NACKTE MANN Ja, ich weiß es.

PARZIVAL Kennst du sie?

DER NACKTE MANN Es ist meines Bruders Witwe, meine Frau.

Parzival und der nackte Mann hocken in der dunklen Hütte, horchen auf das Prasseln und Poltern der Steine. Sie wollen die kreischende Stimme nicht hören, sie wird aber immer lauter.

– Nimm die Steine! Da hast du sie! Nimm die Steine! Du hast den Pflug nicht mehr gezogen, wie soll ich da säen und ernten! Du bist auch fortgelaufen wie dein Bruder! Da ist das Feld ein steiniger Acker geworden! Die Leute haben mich beschimpft! Das Unkraut ist gewuchert, ist in die Äcker der Nachbarn gewuchert, da haben sie Steine aufgelesen und auf mein Feld geworfen! Hier hast du die Steine! Einen ganzen Wagen voll habe ich hergeschleppt mit meinem Sohn! Die sollen dich erschlagen, weil du mich verlassen hast, hast mir deine Kinder gebracht und hast mich dann verlassen!

PARZIVAL Sie schreit lauter als der Fluß!

DER NACKTE MANN Eine schrille Stimme hat sie! Eine schrille Stimme!

DIE FRAU Nimm deine Kinder zurück! Ich habe sie dir mitgebracht! Da, auf dem Karren! Da siehst du sie!

Der nackte Mann fragt Parzival:

Siehst du die Kinder?

Parzival antwortet:

Ja, ich sehe zwei auf den Steinen liegen.

Die Frau schreit:

Hier liegen sie! Sieh dir deine Kinder an.

Da späht der nackte Mann durch das Loch hinaus.

DIE FRAU Sieh nur herüber! Sieh deine toten Kinder an! Sie sind verhungert, weil du den Acker nicht mehr gepflügt hast!

– So? Sind sie tot? *ruft der nackte Mann durch das Loch.* Sind sie tot? Wer tot ist, kann niemand töten.

Die Frau will über den Fluß herüberkommen. Bis zum Hals

steht sie im reißenden Wasser, mit hochgereckten Armen, in jeder Hand hält sie einen großen Stein.

DER NACKTE MANN Ich bete! Ich bete!

Die Strömung reißt die Frau mit sich, in Schaum und Wirbeln treibt sie flußabwärts. Der Knabe rennt am Ufer nebenher.

Parzival denkt drei Tage über dieses Ereignis nach. Er sieht den Karren mit den Steinen und den toten Kindern auf dem anderen Flußufer verlassen stehen. In der dritten Nacht steht er auf und geht suchend umher. Er findet sein Schwert draußen vor der Hütte, bedeckt von Erde und Hühnermist, Gras beginnt darauf zu wachsen. Er nimmt es, geht damit in die dunkle Hütte zu der Nische, wo das Lager des Heiligen ist. Er hebt sein Schwert mit beiden Händen und stößt es mit aller Kraft hinunter, wo er den Kopf des Heiligen vermutet. Er hört einen Laut, aber er kommt nicht aus den Decken, sondern von dem Fensterloch hinter ihm. Da steckt der heilige Mann seinen Kopf herein und kichert:

– Parzival, du Armer! Wie du dich anstrengst! Ich habe heute nacht für dich gebetet! Du strengst dich an, wie du dich immerfort anstrengst! Ich muß lachen, wenn ich sehe, wie du dich immerfort anstrengst!

Darüber gerät Parzival so in Wut, daß er auf alles einschlägt, er zertrümmert Tisch und Stuhl, er tritt die Türe ein, er zerbricht die Zäune, er schlägt mit dem Schwert zwischen die schlafenden Tiere, er trampelt alles nieder und sticht auf alles ein, was einen Laut von sich gibt. Schließlich geht er im Morgengrauen flußaufwärts davon, auf das Gebirge zu.

Als er ein Stück gegangen ist, hört er hinter sich ein schnalzendes, schlappendes Geräusch, er dreht sich um und sieht: ein Fisch springt über die Steine hinter ihm her! Darüber wundert er sich. Er lacht:

– O der Fisch geht über Land und hat doch keine Füße, weit wirst du nicht kommen!

Parzival schüttelt den Kopf und geht weiter. Obwohl er jetzt schnellere Schritte macht und bergauf geht, hört er, daß der Fisch ihm auf den Fersen bleibt. Und er sieht, als er sich umdreht, daß er jetzt sogar noch höhere Sprünge macht, seine silbrige Haut blitzt und schimmert in der Sonne, wie er durch die Luft schnellt. Da bleibt Parzival stehen und spricht zu seinem Verfolger:

– O Fisch! Was bist du für ein dummes, hirnloses Tier! Deine Straße ist doch der Fluß da unten – wenn du schon auf Reisen gehen willst – und nicht der steinige Weg, auf dem ich laufe. Warum bist du überhaupt aus dem Teich gesprungen, wo du so friedlich und schön gelebt hast? Ich habe dich dem Reiher doch nicht aus dem Schnabel gezogen, damit du hier auf dem Stein in der Sonne kläglich vertrocknest! Und das wirst du! Dann wärst

du ja noch besser drangewesen, wenn er dich blitzschnell verschlungen hätte, schnapp und weg! Du wirst doch nicht meinen, daß du mir aus Dankbarkeit folgen mußt, als ob du mein Hündchen wärst, bloß weil ich dich gerettet habe? Meinst du, dein Tümpeldasein, dein dumpfsinniges Dahinleben im feuchten Grund wäre mir so wichtig, daß ich dich deswegen gerettet habe? O du dummer Fisch! Ich habe es doch nur getan, weil ich dem nackten Mann gefallen wollte! Ich dachte ja, er wäre ein Heiliger! Und ich wollte auch so einer sein – ein heiliger Mann, ein schuldloser Heiliger! Und ich dachte schon, ich würde im Paradies leben für die nächste Zeit und für immer! Ich will mit dir nichts zu tun haben, Fisch! Geh du in deinen Tümpel zurück und ich gehe weiter auf diesem Weg! Ich höre es nicht gern, wie du hinter mir herschlappst und auf die Steine klatschst! Ich hasse dies unangenehme feuchte Klatschen hinter mir! Soll ich mir vielleicht die Ohren zustopfen, deinetwegen? Ich sage dir, wenn du mir in deiner Fischdummheit, in deiner Tümpeltorheit weiter nachspringst, wirst du bald daliegen und die Kiemen blähen und mit dem Maul schnappen. Glaube nur nicht, daß ich dich dann zurück in den Teich trage, wenn du nicht mehr hochkommst! Meinetwegen kannst du dann in der Sonne verdorren und zum Himmel stinken.

Der Fisch liegt auf dem Stein und glotzt.

Parzival geht weiter. Er kommt zu einer Wiese, er läuft durch das Gras, er watet durch den Fluß, der hier, nahe seiner Quelle, ganz schmal ist, läuft auf der anderen Seite den Hang hinauf. Er hat die ganze Zeit den Fisch nicht mehr gehört und denkt: jetzt wird er umgekehrt und in seinen Teich zurückgesprungen sein, oder die Sonne hat ihn getötet. Wie er sich noch einmal umdreht, sieht er aber den silbrigen Fisch im hohen Bogen über den Bach hinwegschnellen, bis vor seine Füße.

Da sagt Parzival: In Gottes Namen! *nimmt den Fisch, geht mit ihm davon.*

Purcells Traum von König Artus

SINCE LIGHT SO NECESSARY IS TO LIFE
AND ALMOST LIFE ITSELF, IF IT BE TRUE
THAT LIFE IS IN THE SOUL
SHE ALL IN EVERY PART, WHY WAS THE SIGHT
TO SUCH A TENDER BALL AS THE EYE CONFINED
SO OBVIOUS AN SO EASY TO BE QUENCHED
AN NOT, AS FEELING, TROUGH ALL PARTS DIFFUSED
THAT SHE MIGHT LOOK AS WILL THROUGH EVERY PORE.

WENN LICHT SO LEBENSWICHTIG IST
UND FAST DAS LEBEN SELBST, UND WENN ES WAHR IST
DASS LICHT IST IN DER SEELE
UND SIE IN JEDEM GLIED, WARUM IST ES
EINER SO WEICHEN KUGEL WIE DEM AUGEN ANVERTRAUT
SO OFFENSICHTLICH UND SO LEICHTHIN AUSZULÖSCHEN
UND NICHT, WIE DAS GEFÜHL, AUF JEDES GLIED VERTEILT
SO DASS WIR NACH BELIEBEN AUS JEDER PORE SEHEN.

John Milton

1.

Von irgendwo hören wir eine schöne Stimme singen. Sie bricht den Gesang ab. Sie singt an einer anderen Stelle des Raumes. Sie singt irgendwo im Zuschauerraum. Sie singt ganz oben, wo das Dach eingestürzt ist. Sie singt, ohne daß jemand zu sehen ist, mitten auf der großen Bühne, auf der ein langer Tisch aufgestellt ist. Emmeline taucht nun auf, sie horcht lächelnd auf den schönen Gesang, strebt suchend dorthin, wo die Stimme herkommt. Man merkt jetzt, daß Emmeline blind ist. Der Gesang kommt nun aus dem Orchestergraben, Emmeline bewegt sich freudig darauf zu. Als sie schon fast am Rand der Bühne steht und zu stürzen droht, ruft der Knabe Purcell herauf: Bleib stehen! Du fällst! Und klettert behend auf die Bühne.
Emmeline: Wer war die Stimme?
Purcell war es, der gesungen hat. Wie Orpheus hat er für Augenblicke die Welt in Musik verwandelt. Sie versucht ihn zu berühren, er entzieht sich ihr. Sie erzählt ihm von sich, er ist aber schon verschwunden, ohne daß sie es gemerkt hat. Emmelines Tante Matilda, die der Vormund des blindes Mädchens ist, kommt. Sie hat Emmeline in dem labyrinthischen Haus überall gesucht. Sie führt sie weg.

»Um uns diesen eigenartigen Raum zu merken, haben wir zwei hastige Fotos gemacht und aneinandergeklebt.«

2.

Eine Gruppe von Investoren wird vom Geschäftsführer der Projektentwicklungsgesellschaft durch das ruinierte, halbverfallene Theater geführt. Jeder Investor hält ein Modell des hier geplanten Einkaufszentrums in der Hand. Auf dem langen Tisch auf der Bühne sind die Verträge zur Unterschrift vorbereitet. Nach der Vertragsunterzeichnung wird hier noch ein Festessen »gezaubert«, erklärt der gut gelaunte Geschäftsführer und weist auf die verdeckten Schüsseln und Platten auf einem Seitentisch. Er hält einen kleinen Vortrag über das geplante Projekt. Einverständnis unter den Vertragspartnern. Einzelne letzte Einwände können ausgeräumt werden. Wir lernen einige der Investoren und ihre Motive kennen: darunter die blinde Emmeline und ihre ständig gereizte und etwas vorwurfsvolle Tante, die als Vormund des reichen Mädchens offenbar hauptsächlich an ihren eigenen Vorteil denkt; ein pedantischer Wirtschaftsprüfer, der alle anderen für inkompetente Dilettanten hält; ein sich ständig belauerndes Ehepaar; eine alte Dame, die immer wieder fröhlich sagt, daß sie von Geld keine Ahnung hat; ein ungeduldiger Herr, der sich bemüht, die Sache möglichst schnell abzuwickeln; ein Mann, der immerzu telefoniert und sich deshalb abseits hält. Eine Dame fragt ihn: Mit wem telefonieren Sie denn so lang? Nein, nein, Sie müssen mir nicht antworten, ich sehe es Ihrem Gesicht an! Der Herr wendet sich ärgerlich ab.

»Die Ruine eines alten Theaters in Palermo ließ uns an die Schatten all der Gestalten denken, die da auf der Bühne ihr Leben hatten. Es ist schön, sich vorzustellen, daß in diesem verfallenen Gebäude Personen auftreten, sich eine Handlung entwickelt: heutige effektive Menschen, eine Investorengruppe entdeckt hinter zerbröckelnden Mauern King Arthur, findet Luft- und Erdgeister, Merlin – il mago Merlino. Eine neue Geschichte zu Purcells wunderbarer alter Musik.«

3.

Während die Gruppe noch mit dem Geschäftsführer das Projekt erörtert, entdeckt der Herr mit dem Handy in einer dunklen Ecke eine merkwürdige Gestalt. Sie ist in einen schweren, ehemals prächtigen, jetzt verschlissenen Mantel gehüllt, trägt eine Krone auf dem Kopf. Ist das ein Verrückter? Ein Penner? Wo kommt er her? Warum versteckt er sich? Wo hat er die Krone her? Der Mann mit dem Handy stellt Fragen. Ist die Krone nur aus Blech oder ist sie wertvoll? Aber anstatt zu antworten, singt der Mann überraschenderweise sehr kunstvoll eine herrliche Arie. Er ist King Arthur. Neugierig kommen nun die anderen Investoren heran, stellen Fragen, wundern sich. König Artus, wer war denn das? Einige erinnern sich an Sagen und Geschichten: Abenteuer, Ritter, Helden und die Tafelrunde. Sie erinnern sich an die Phantasien, Spiele und die Abenteuer ihrer Kindheit. Der Geschäftsführer kommt auf die Idee, die Gestalt des King Arthur als Firmen-Label zu verwenden. Das Einkaufszentrum-Projekt könnte Camelot heißen. Aber selbstverständlich ist die verlotterte Gestalt so nicht präsentabel, sie

muß gestylt werden. Vorschläge. Kostüm, Bart, Make-up usw. Videoinstallation, King Arthur als Comic-Held.

4.

King Arthur allein.
Er ruft nach Merlin, er ist ratlos wegen der Invasion der Investoren. Er versteht nicht, was sie von ihm erwarten, obwohl er auch geschmeichelt ist, daß man so großes Interesse an seiner Erscheinung hat. Da steht Merlin. Die beiden haben einen Disput darüber, was Zeit ist, was der Mensch in der Zeit ist, wozu der Mensch da ist. Nun sind nach und nach auch der Luftgeist Philidel, sind auch die Schäferburschen und die beiden Nymphen aus der Oper »King Arthur« aufgetaucht. Sie glauben alle, daß dieses alte Opernhaus, das ihr Reich war, wiederbelebt wird und sie freuen sich darüber. Der Knabe Purcell singt ein Lied zum Lob der Musik (»Sweeter than roses«). Als ein Investor, der Herr mit dem Handy, allein bei ihnen auftaucht, weil er den Anschluß an die Investorengruppe beim Telefonieren verloren hat, versuchen die beiden Nymphen, ihn zu verführen. Er flüchtet.

5.

Emmeline kommt mit ihrer Tante. Sie möchte von der Tante wissen, was vorgeht. Sie soll ihr beschreiben, was sie sieht. Die Tante gibt falsche Auskunft. Da mischt sich King Arthur ein, entflammt von dem Anblick der schönen Blinden. Musik. Während sich King Arthur und Emmeline umkreisen und sich einander nähern, streitet die Tante heftig mit Merlin. Philidel treibt seine Späße mit der Tante, verwirrt sie. Ihr Hut fliegt weg, ihr Bein mit dem Stöckelschuh fliegt weg. Merlin verwandelt sie in einen Kaktus.

6.

Liebesszene King Arthur und Emmeline.
Während die Schäfer mit ihren Mädchen ihr Spiel über Verliebte und Verliebtheit vorführen, gewinnt King Arthur Emmelines Zuneigung, er entwirft ihr ein völlig harmonisches Bild von der Welt und von einem gemeinsamen schönen Leben.

7.

Jäh wird die Liebesszene durch den randalierenden Säufer Frosty Billy unterbrochen. Einige andere wüste Gestalten, die vielleicht in dem alten Gemäuer Obdach und Versteck gefunden haben, sind plötzlich da. Die Welt ist keine Idylle, sie ist ein Ort der Gewalttätigkeit, des Irrsinns, der Depression. Ein Mann mit einer Axt behauptet, hier habe er das Tor zur Hölle entdeckt, er müsse sich davorstellen und aufpassen, daß die Teufel nicht heraus- und die Menschen nicht hineinkönnen. Einmal mußte er eine Frau mit seinem Beil erschlagen, weil sie unbedingt hineinwollte, sagt er. Deshalb hat man ihn ins Irrenhaus gesperrt. Nun ist ihm die Flucht gelungen. Den alten wütenden Gesangslehrer Orofino, der seine Schüler mit dem Stock auf den Kopf geschlagen und malträtiert hat, hat er mitgebracht. Eine Frau, rasend vor Zorn, sucht überall ihren Mann, der sie ins Irrenhaus gebracht hat, sie will sich rächen. Ein anderer, der »Märtyrer«, bohrt sich große Nägel durch die Hände.
Purcell erhebt seine schöne Stimme und singt über das Martyrium des Lebens. Die zornige Frau und Frosty Billy werden gegen Purcell handgreiflich.

8.

Emmeline weint, sie ist in großer Verwirrung: Wie ist die Welt wirklich? Und was ist sie darin? Da gibt ihr Merlin, auf ihre Bitte, das Augenlicht. Aber sie kennt sich in der sichtbar gemachten Welt nicht aus. Als sie nur die Musik hörte, ohne zu sehen, waren ihr Menschen und Dinge vertrauter.

9.

Als nun die Investoren von ihrem Rundgang zurückkehren, um die Verträge zu unterschreiben, finden sie Chaos vor. In dem Durcheinander verknallt sich Emmeline in einen Investor, King Arthur versucht, sie zu Verstand zu bringen. Die zornige Frau glaubt, in einem der Investoren ihren Ehemann zu erkennen und wirft sich auf ihn. Frosty Billy brüllt, wirft seine Bierflasche und ruft zum Kampf auf. Nun kommt es zur Schlacht: Merlins Theatergeister gegen die Investoren und Eindringlinge. Große musikalische Szene. Philidel lockt die Investoren weg, führt sie durch Zauberei in die Irre.

10.

Emmeline / King Arthur.
Liebte sie ihn überhaupt noch, seitdem sie sehend ist? Sie werden gestört vom Geschäftsführer, der mit der Tante zurückkommt. Beide sind wütend, der Geschäftsführer, weil er fürchtet, die Theatergeister ruinieren seine Pläne; die Tante, weil sie fürchtet, sie verliert ihren Einfluß auf Emmeline und ihr Vermögen, wenn sie von dem hergelaufenen Kerl verführt wird. Die beiden werden von den Schäfern vertrieben, nehmen aber Emmeline gewaltsam mit.

11.

King Arthur will den Entführern Emmelines nach und die Geliebte befreien, wird aber von Merlin zurückgehalten: Es wird noch alles gut. Und tatsächlich kommt Emmeline kurz darauf zu King Arthur und zu den anderen zurück. Nun glauben Merlins Geister, daß sie endgültig über die Truppe der Investoren gesiegt haben. Sie fallen über das Festmahl her, das auf dem Tisch bereitsteht. Frosty Billy will auch mitessen, die Schäfer aber behandeln ihn schlecht, ziehen ihm die Kleider aus und stoßen den Besoffenen in eine Ecke, dort soll er seinen Rausch ausschlafen. Die Siegesfeier wird immer exzessiver, Gesang und Dialog wirbeln durcheinander. Sie werfen den Tisch um, zerschlagen das Geschirr usw. Merlin verläßt die Gruppe. Dann erhebt sich aus dem wüsten Geschrei der Wohllaut einer schönen Stimme: Purcell singt »Fairest Isles«, das Lob auf eine utopisch schöne Welt.

12.

Plötzlich bricht, von der Abrißbirne draußen getroffen, die Rückwand des Theaters krachend zusammen. Alle flüchten, verstecken sich in Panik. Nun liegt Totenstille über der Szene. Als sich die Wolke aus Mörtel, Sand und Zementstaub langsam senkt, wird die ganze Verwüstung sichtbar: Steinbrocken, Unrat und Mauerstücke überall. Die geborstene Rückwand gibt den Blick auf die nächtliche Stadt frei. Schnee fällt durch die aufgerissene Decke herunter. Dann bewegt sich etwas, unter den Trümmern kriecht eine erbärmliche Gestalt heraus: Frosty Billy. Er jammert, er schreit, er ist wütend und ängstlich, er weiß nicht, wo er ist, glaubt, er sei tot und in die Hölle geraten. Schließlich entdeckt er Purcell, der ganz unversehrt lächelnd über die Trümmer steigt. Frosty Billy schreit: »Dreckschweine!

Alles haben sie weggenommen, sogar die Hose haben sie mir vom Arsch gerissen!« Er ist grün und blau, geschunden und blutig am ganzen zitternden Körper.
Purcell geht zu ihm hin, beschwichtig ihn; da wird Frosty Billys Stammeln und Zittern zu Gesang:

What power art thou, who from below
Hast made me rise unwillingly and slow
From beds of everlasting snow?
See'st thou not how stiff und wondrous old
Far unfit to bear the bitter cold
I can scarcely move or draw my breath?
Let me, let me freeze again to death.

Und Purcell singt den Part von Cupido:

Thou doting fool, forbear, forbear!
What dost thou mean by freezing here?
At love's appearing
All the sky clearing
The stormy winds their fury spare
Thou doting fool, forbear, forbear!
What dost thou mean by freezing here?
Winter subduing … usw.

Durch Purcells Zauber und durch die Macht der Musik brechen auf den Trümmern die Blumen auf, Licht fällt herein, das Leben beginnt neu.
Nun kommen auch hier und da und dort die verschreckten Geister wieder heraus: Philidel, die Schäfer, King Arthur und Emmeline.

13.

Alles ordnet sich glücklich zu einer großen Apotheose der Kunst. Gesang und Musik. Purcell verläßt die Szene, von den anderen unbemerkt. Als er verschwunden ist, bricht die Musik plötzlich ab. Lichtwechsel: Die Gruppe steht verloren im nüchternen Arbeitslicht.

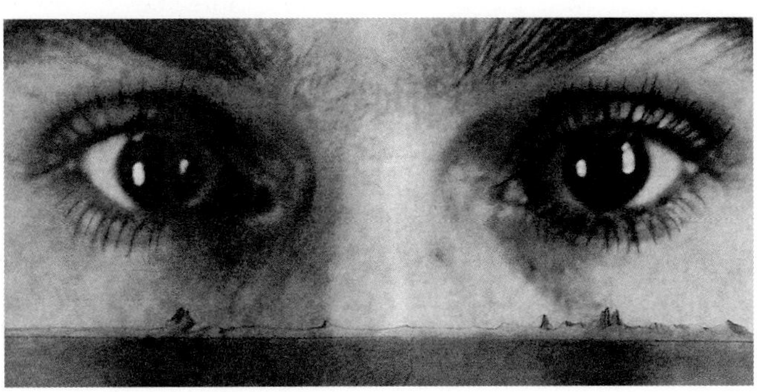

Max Ernst, La femme visible

»Merlin«-Uraufführung in Düsseldorf 1981.

Königin Ginevra findet den wahnsinnigen Sir Lancelot.

Georg Hensel
Ritter, Tod und Teufel nicht von gestern

Ein Besuch bei Tankred Dorst

Tankred Dorst und Ursula Ehler. 1979 in Rom.

In Tankred Dorsts Arbeitsstube hängt noch ein Hauch von Mittelalter. Hier hat er Merlin, den keltischen Zauberer und Teufelssohn, den Erfinder der Tafelrunde und Ratgeber des Königs Artus, aus frühen literarischen Erscheinungsformen gelöst und zur Zentralfigur eines Theaterstücks gemacht. Zunächst ist ein Suhrkamp-Buch daraus geworden: »Merlin oder Das wüste Land«, 375 Seiten dick, es ist das längste Theaterstück, das seit Menschengedenken in Deutschland geschrieben worden ist, und es ist ein höchst ungewöhnliches Stück: für Dorst und für das gegenwärtige deutsche Theater.

Tankred Dorst wohnt in München, im nördlichen Randbezirk von Schwabing, im ersten Stock eines großen Eckhauses. Das Fenster geht auf eine breite Straße, man sieht eine Trambahn, Häuserkuben und das, was man eine Grünanlage nennt, wer will das schon sehen? Die Stube konzentriert auf sich selbst, auf Arbeit: Tankred im Gehäuse. Wenn er an dem alten Schreibtisch sitzt, hat er im Rücken einen Stubenwinkel, zugestellt mit einem ehemaligen Apothekerschrank: oben Regale und unten fünfzig Schubladen. Ihre Etikette zeigen keine Arzneimittel mehr an, sondern die Titel von Theaterstücken, Fernsehspielen, Filmen und Büchern, die noch nicht geschrieben sind.
Die literarische Hausapotheke ist Dorsts Zettelkasten. Er beschäftigt sich gern mit mehreren Projekten zugleich und in die Schubladen wirft er das Arbeitsmaterial, das ihm Recherchen, Freunde oder der Zufall zutragen. Die Schublade »Merlin« ist fast ausgeräumt: die Arbeit ist längst abgeschlossen, die Restbestände sind noch nicht ganz beseitigt. »In diesen Schubladen«, sagt Dorst, »wachsen Kinder heran und sterben Einfälle ab.«
Der Hauch von Mittelalter dringt aus einem schmalen, hohen Regal, angefüllt mit Büchern über Merlin und des Königs Artus Tafelrunde. Da sind die Sachen, deren Titel fast jeder kennt, der »Tristan« von Gottfried von Straßburg, der »Lancelot« von Chrétien de Troyes, der »Parzival« von Wolfram von Eschenbach und die Bände über König Artus von Thomas Malory. Daneben stehen irische Legenden in vielen Ausgaben, selbstverständlich auch »Das Buch Merlin« des modernen »Fantasy«-Autors T. H. White und scheinbar entlegene Bücher wie »Der Clown Gottes«, das Tagebuch des Tänzers Waslaw Nijinskij aus der Zeit seiner hervorbrechenden Schizophrenie. An ihn denkt

Tankred Dorst, wenn er an das Ende, an die Wahnvorstellungen seines Gralsritters Sir Galahad denkt.

Er hat mehr Bücher gesammelt als gelesen und er gehört zu den glücklichen Lesern, die beim ziellosen Suchen das finden, was sie ahnen und erhoffen.

Die Ritter haben Konjunktur. Die Romanreihen »Der Herr der Ringe« von J. R. R. Tolkien und »Der König auf Camelot« von T. H. White sind in den siebziger Jahren mit großer Verspätung in Deutschland doch noch zu »Kultbüchern« eingeschworener Lesergemeinden geworden. Robert Bresson hat 1974 in seinem Film »Lancelot du Lac« die seelische Gefangenschaft der Artus-Ritter in ihren Rüstungen und Ritualen zelebriert bis zu ihrem Ende auf einem blutenden Haufen Blech. Kaum waren die Ritter den Kinderbüchern und Comics entronnen, schon wurden sie von Hollywood wieder für klirrende Action-Filme engagiert, deren erster »Excalibur«, auch »Merlin« genannt, nur der gepanzerte Vorreiter einer ganze Serie ist, in der Beowulf den feuerspeienden Drachen töten und Tristan und Isolt sich ihrem Liebestod ausführlich hingeben werden. Die Ritter haben Konjunktur, und wer – wie Tankred Dorst – jetzt ein Ritterdrama herausbringt, der setzt sich dem Verdacht aus, er sei ein Konjunktur-Ritter. Ist er's?

Gehört Dorsts »Merlin« überhaupt zu jener Sorte Literatur, die sich auch im Deutschen »fantasy« nennt, weil der Mutterboden ihrer besonderen Art von Phantasie seit eh und je in England zu finden ist? J. R. R. Tolkien, der Großmeister der »fantasy« in den dreißiger und fünfziger Jahren, hat drei Kennzeichen genannt. Erstens, »die Überwindung einer imaginativen Armut«. Dies trifft auch auf Dorst zu: zum Personal seines »Merlin« gehören Drachen, Riesen und Engel; Ritter, Tod und Teufel. Zweitens, »Flucht«; damit meint Tolkien, die »fantasy«-Literatur erlöse den in der modernen Welt der Roboter, des Häßlichen und des Bösen gefangenen Leser von seinen seelischen Erkrankungen. Drittens, »Trost durch das glückliche Ende«.

»Ich kenne Tolkien nicht«, sagt Tankred Dorst. »Was mich an ›Merlin‹ interessiert hat, das war die Möglichkeit, größere Bilder hervorzubringen, die Phantasie des Zuschauers auf etwas Größeres zu richten und beim Schreiben zu erleben, wie der Kleinrealismus irgendwo eine Grenze hat. Aus ihm hat Merlin auch mich herausgezogen. ›Merlin‹ ist eine Geschichte aus unserer Welt: das Scheitern von Utopien, das hat ja mit uns zu tun, ich empfinde es jedenfalls so. Und ein schlechtes Ende nehmen meine Stücke meistens, ich weiß nicht, ob das eine Grundveranlagung ist, ob das zu meiner Handschrift gehört.«

»Am vierten Tag des Kampfes fiel Sir Gawain wieder. Er war so schwer getroffen, daß er nicht mehr aufstehen konnte. Wieder weigerte sich Sir Lancelot, ihm den Todesstoß zu geben. Sir Gawain saß da mit gespaltenem Kopf und schrie nach dem Tod. Er schrie so gräßlich, daß alle wegliefen und sich verkrochen. Keiner wollte ihn töten.

Er schrie: Ihr hockt alle in den Löchern und wollt nicht hersehen! Seht ihr nicht, wie Gawain herumrennt und schreit? Der Grüne Ritter hat ihm den Schädel gespalten! Zieh das Eisen aus seinem Kopf, König!

Sir Gawain stand jetzt da, reckte sich, stolzierte auf und ab, wiegte sich in den Hüften und machte behende Sprünge.

– Wo ist der Tod, wo hat er sich versteckt? Wo bist du, Tod? Er klatschte auffordernd in die Hände und sah sich um. Der Grüne Ritter mit seiner Axt stand an der Mauer und bewegte sich nicht.

Gawain hörte eine heitere Musik und tanzte danach, machte Hüpfschritte. Über die Düne kam eine schöne Frau auf ihn zu. – Liebwerte Dame, nehmen Sie den großen Hut ab, damit ich sehen kann, ob Sie meine geliebte Orgelouse sind! Bitte stören Sie sich nicht daran, daß mir der Kopf gespalten ist. Wie Sie sicher wissen, habe ich dem Grünen Ritter furchtlos meinen schönen Kopf hingehalten und er hat ihn mir gespalten. Die Dame kam näher heran, Sir Gawain sah, daß sie lächelnd beide Hände hob, um den Hut abzunehmen. Da erschrak er plötzlich und wehrte aufgeregt ab:

– Nein, nicht! Es sind so seltsame Sachen auf Ihrem Hut aufgetürmt, die könnten herunterfallen! Lieber verzichte ich darauf, in Ihr schönes Gesicht zu sehen!

Er legte sich auf die Wiese. Sie beugte sich zu ihm hinunter, um ihn zu umarmen. Da geriet alles, was er auf ihrem Hut gesehen hatte, ins Rutschen und stürzte auf ihn herab: die Wälder zer-

splitterten, die Burgen fielen zusammen, die Seen schwappten über ihre Ufer, die Felsen von Dover zerbröckelten und fielen polternd über ihn hinweg ins Meer.
Dann war alles leer und still.«

Mit fünfzehn Jahren hatte Dorst den »Merlin« von Karl Immermann gelesen. Zu seiner Hauptquelle aber wurde Malorys »König Artus«. Mit Gewinn studierte er Heinrich Zimmers »Abenteuer und Fahrten der Seele«. Für die erste große Szene, in der eine Riesin mit Hilfe eines Clowns den Vater ihres gerade zur Geburt drängenden Kindes sucht und dabei den Teufel findet, hat ein englisches Stück aus dem Jahr 1613 Pate gestanden und als Patengeschenk einige Verse geliefert: »Die Geburt des Merlin oder Ein Kind hat seinen Vater gefunden« ist von Herausgeber Ludwig Tieck neben William Rowley auch – doch leider fälschlich – William Shakespeare zugeschrieben worden. »Merlin!« heißt es in der deutschen Erstausgabe von 1823, »sein Name wird durch alle Lande schallen / solange Menschen leben, er gibt allen / zum Staunen Anlaß, und es weint der Neid.«

I attempt from Love's sickness to fly in vain, / since I am myself my own fever and pain. / No more now, found heart, / with pride no more swell / though canst not raise forces enough to rebel / for Love has more pow'r and less mercy than fate / to make us seek ruin and love those that hate.

Ursula Ehler legt eine Platte auf. Eine irreale, völlig entrückte Falsettstimme singt die englischen Verse, mit denen Dorst sein Stück beendet hat: »I attempt from love's sickness to fly in vain ...« Merlin, gefangen im Weißdornbusch, singt die Verse. Die schöne Waldnymphe Viviane hat ihm das Geheimnis des Zauberns abgelistet und ihn in den Busch gebannt: sie hält ihn gefangen in ihrer Liebe. Es ist das Bild, das die Leser klassischer deutscher Gedichte von Merlin haben: sie kennen es von Wieland, Goethe, Lenau, Uhland, von Heinrich Heine, der sich wie Merlin vorkam, als er seine »Katharina« besang: »Wie Merlin, der eitle Weise, / Bin ich armer Nekromant / Nun am Ende festgebannt / in die eignen Zauberkreise.« Die Falsettstimme von der Platte gehört dem englischen »countertenor« Alfred Deller, und was er singt über die Liebeskrankheit, der er nicht entfliehen kann, das kommt aus Henry Purcells »Indian Queen«. Wenn Dorst die »hohe wunderbare Stimme« Merlins am Ende seines Stücks hört, dann hört er Deller.

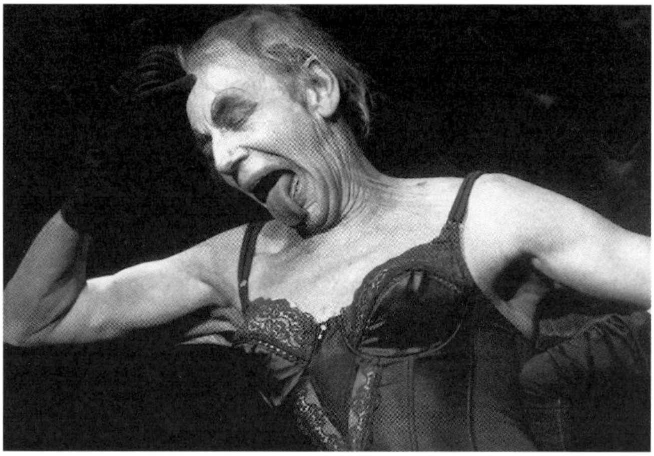

4

Nachbemerkung.

Nach über zwei Jahren Arbeit übergebe ich dieses Manuskript dem Verlag, gebe ich es dem Leser in dem Bewusstsein, ~~daxx~~ ein unfertiges Stück geschrieben zu haben. Die Geschichte von Merlin dem Zauberer und von den Rittern der Tafelrunde, vor zwei Jahren mit dem Blick auf rasche Aufführbarkeit begonnen und für eine Aufführung in der Hamburger Fischhalle geplant, hat sich für mich mehr und mehr zu einem Weltmärchen entfaltet, das, so scheint es mir jetzt, gar nicht, auch nicht durch dramaturgischen Zugriff, zu Ende zu bringen ist: es istx wie das Leben selbst, von dem es ein theatralisches Abbikd ist, es drängt aus sich heraus immer neue Personen, Bilder, Konstellationen, ~~sodass die Arbeit ... zu Ende zu bringen ist durch den Entschluss, abzubrechen~~. Das Ganze bleibt also, trotz seines Umfangs, immer noch Fragment. Mit einigen Geschichten, sehe ich jetzt, bin ich nicht fertig geworden; so ist die Geschich e Parzivals nicht zu Ende gedacht und ich würde gern in einem Film das Parzival-Thema noch einmal wieder aufnehmen. Morgane le Fay, die Naturwelt dieser Zauberin und Zerstörerin, sollte grösser und konfliktreicher behandelt werden. Merlin ~~- das war eine Vorstellung von Peter Zadek -~~ sollte im Verlauf des Stückes jünger werden und schliesslich, in der Nacht vor der letzten Schlacht, dem angstwachen König Artus als Kind erscheinen. Di e sprache der Tiere, der Vögel, der Wölfe, der Frösche sollte vorkommen, wie im Märchen, und manches andere..Und es bleibt auch für mich die Frage, wie das Ganze jetzt zu benennnen sei: dieser dramatische Garten, diese Bruchstücke aus einem nicht endenden Drama, mit seinen erzählten Passagen, seinen bloss angedeuteten Szenen, mit Liedern und Zitaten und auch mit seinen Ungereimtheiten, die ich jetzt, nach letzter Durchsicht, stehen lasse: ist es ein Drama? Ist es ein Theaterspektakel, wie man so ein Zehnstundenererignis wohl modisch nennen würde? Oder ist es ein Lesedrama?

Merlin ist in verschiedenen Phasen entstanden. Zuerst war die Sorge, dies lange und komplizierte Geschichte in einen dramatischen Ablauf zu stellen und spielbar zu machen. Begonnen war mit dem fünften Teil, der den Untergang des Artusreiches behandelt, und zugleich mit Merlins Geburt, dem zweiten Teil, der zunächst nur eine Modernisierung des alten Stückes von Rowley werden sollte. Die Gründung der Tafelrunde und die einzelnen Geschichten der Ritter dieser Runde entstanden in einer zweiten Phase. Die Suche nach dem Gral, der vierte Teil brachte dann neue Aspekte auf das Ganze. Manches war da noch einmal neu zu überdenken und es ist uns in dieser letzten Arbeitsphase, in Rom, erst die eigentliche Dimension des Ganzen deutlich geworden: das Wüste Land und die Erfindungen des Menschen, die diese Wüste dem Auge und dem Herzen verbergen. In dieser Zeit, im Frühjahr 1979, als ich mit Ursula Ehler in der Villa Massimo arbeitete, tauchte auch der Maler Gaetano Pompa auf, und aus Erzählungen und Schilderungen dessen, was wir gerade schrieben, entstanden die Zeichnungen, von denen eine auf dem Titel dieses Buches wiedergegeben ist: Merlin versucht vergebens, dem Schatten seines Vaters, des Teufels, zu entfliehn

Jetzt, nach diesen zwei Jahren, scheint eine Aufführung dieses Stückes, so wie sie uns, Peter Zadek und mir, vorschwebte, noch immer nicht gesichert zu sein. Das Interesse aber an disem Stoff und an der Art, wie er hier behandelt worden ist, scheint mir eher gewachsen.

Nachbemerkung zu »Merlin«, 1980

Merlin – Stationen eines Stücks

1981 Düsseldorf, Schauspielhaus
1982 München, Kammerspiele
1982 Zürich, Schaupielhaus (Schweiz)
1983 Wien, Volkstheater (Österreich)
1983 Kassel, Staatstheater
1984 Budapest, Vigszinhaz (Ungarn)
1984 Heilbronn, Theater der Stadt
1985 Rotterdam, RO Theater (Niederlande)
1986 Porto Alegre, Arines Dias Ibias (Brasilien)
1986 Rio de Janeiro, Teatro Ipanema (Brasilien)
1988 Prag, Realisticke divadlo Zd. Nejedleho (Tschechische Republik)
1989 Oslo, Det Norske Teatret (Norwegen)
1989 UdSSR, verschiedene Theater
1990 Bukarest, Bulandra Theater (Rumänien)
1991 Köln, Bühnen der Stadt Köln
1992 Edinburgh, Royal Lyceum Theatre / Mayfest Festival, Glasgow (Schottland)
1992 Spiez, Schloßspiele Spiez (Schweiz)
1993 Frankfurt am Main, die dramatische bühne
1993 Salvador / Bahia und São Paulo, Intercena Bahia (Brasilien)
1993 St. Gallen, Stadttheater (Schweiz)
1994 Bratislava (Preßburg), Divadlo Jonass Zaborskeho (Slovakische Republik)
1994 Konstanz, Stadttheater
1994 Saarbrücken, Saarländisches Staatstheater
1994 San Francisco, California Repertory Company (USA)
1994 Tallinn Eesti Draamateater (Estland)
1995 Brno, Nationaltheater (Tschechische Republik)
1995 Lagos (Nigeria)
1995 Los Angeles, The Road Theatre Company (USA)
1995 Stockholm, Stockholms Stadsteatern (Schweden)
1995 Yaoundé (Kamerun)
1996 Budapest, Uj Színház (Ungarn)
1996 Kiew, Iwan Franko Theater (Ukraine)
1996 Rio de Janeiro, Teatro Ziembinski (Brasilien)
1996 Turku, Stadttheater (Finnland)
1996 Wilhelmshaven, Landesbühne
1997 Karlsruhe, Badisches Staatstheater
1997 Dublin, Samuel Beckett Centre, Trinity College (Irland)
1998 Frankfurt am Main, Das TAT / Städtische Bühnen
1998 Salzburg, Landestheater (Österreich)
1999 Basel, Theater Basel (Schweiz)
1999 Wien, Burgtheater / Akademietheater (Österreich)

2000 Gießen, Stadttheater
2000 Göttingen, Theater im OP
2000 Hamburg, Deutsches Schauspielhaus
2000 München, Bayerische Theaterakademie
2000 Oldenburg, Staatstheater
2000 Palmela / Lissabon, o Bando (Portugal)
2000 Würzburg, Stadttheater
2001 Cheb, Westböhmisches Theater (Tschechische Republik)
2001 Chur / Zürich, ressort k (Schweiz)
2001 Göttingen, Deutsches Theater
2001 Heidenskip Südwesthoeke Lokaasje Teater (Niederlande)
2001 Kopenhagen, Ostre Gasvark Teater (Dänemark)
2001 Leipzig, Hochschule für Musik und Theater »Felix Mendelssohn-Bartholdy«
2001 London, Riverside Studios (Großbritannien)
2001 Porto, Teatro Nacional São João (Portugal)
2002 Dresden, Staatsschauspiel
2002 Odense, Odense Teater (Dänemark)

u. a.

Inhalt

Textnachweise

S. 7 *Heinrich Zimmer, Merlin.* In: H.Z., Abenteuer und Fahrten der Seele, München: Diederichs 1977
S. 10 *Immerfort, immerfort aufbrechen und davongehen. Der Sprung* und *Aufbruch* sind Tankred Dorsts »Parzival« (Ein Szenarium. Mitarbeit Ursula Ehler, Frankfurt am Main: Suhrkamp 1990) entnommen.
S. 11 *Die Frage nach dem Anfang. Ein Gespräch mit Peter von Becker* erschien zuerst in: Theater heute 4/79
S. 21 *Entwurf zum »Merlin«-Drama (1978)* erschien zuerst in: Theater heute 4/79
S. 34 Heinrich Heine, Katharina. In: H. H., Sämtliche Gedichte in zeitlicher Folge. Hg. von Klaus Briegleb, Frankfurt/Main und Leipzig: Insel 1993
S. 36 Sir Thomas Malory, So kämpften sie ... In: Sir T.M., Die Geschichten von König Artus und den Rittern seiner Tafelrunde. Übertragen von Helmut Findeisen, Frankfurt/Main: Insel 1977
S. 39 Tankred Dorst, Wir stellten uns vor ... Originalbeitrag
S. 41 Die *Fünf Geschichten vom Gral* sind Tankred Dorsts »Parzival« entnommen.
S. 44 Theodor W. Adorno, Zwischen »es träumte mir« und »ich träumte« liegen die Weltalter. In: T.W.A., Gesammelte Schriften Band 4, Minima Moralia. Reflexionen aus einem beschädigten Leben, Frankfurt/Main: Suhrkamp 1980
S. 45 *Der Mensch ist für seine eigene Utopie nicht geeignet. Das ist das Drama. Tankred Dorst und Ursula Ehler im Gespräch mit Joachim Lux.* Originalbeitrag
S. 46 Joachim Lux, Merlin in Wien. Originalbeitrag
S. 48 Andreas Gryphius, Ihr irrt, indem ihr lebt. Der Titel des Sonetts lautet »Überschrift an den Tempel der Sterbligkeit«. In: A.G., Teutsche Gedichte, Breßlau und Leipzig 1698. Aus: Deutsche Dichtung des Barock, hg. von Edgar Hederer, München: Hanser 1968
S. 56 Tankred Dorst, »Merlin« ist ein sehr langes Stück. Originalbeitrag
S. 62 Franz Wille, Kein wüstes Land. ... In: Theater heute 4/99
S. 63 E.M. Cioran, Satan erhebt sich ... In: E.M.C., Geschichte und Utopie. Übersetzt von Kurt Leonhard, Stuttgart: Klett-Cotta 1979
S. 64 Siegfried Diehl, »Ich habe einen Engel gesehen!« In: Frankfurter Allgemeine Zeitung, 4. April 2000
S. 76 Ioana Craciun, ... vor ein paar Tagen. Originalbeitrag
S. 80 Robert Wilson, Baudelaire sagte ... In: Tankred Dorst, »Parzival«
S. 82 Gral. In: Der große Brockhaus, Wiesbaden: Brockhaus 1983
S. 86 Heinrich Zimmer, Durch die Hingabe an Guinover ... In: H.Z., Abenteuer und Fahrten der Seele, München: Diederichs 1977
S. 88 E.M. Cioran, Der Überschwang der Herzen ... In: E.M.C., Lehre vom Zerfall. Übersetzt von Paul Celan, Stuttgart: Klett-Cotta 1994
S. 92 Tankred Dorst, In Lissabon sehen wir einen merkwürdig schönen »Merlin«. Originalbeitrag
S. 96 Tankred Dorst, Wilson arbeitet nicht wie andere Regisseure ... Originalbeitrag
S. 99 *Hab ich mein Leben geträumet? Szene aus »Merlin«.* In: Tankred Dorst, Merlin oder Das wüste Land. Mitarbeit Ursula Ehler, Suhrkamp Verlag, Frankfurt am Main 1981
S. 104 Jean Améry, Schon ein paar Erkundungsversuche ... In: J.A., Über das Altern. Revolte und Resignation, Stuttgart: Klett-Cotta 1987
S. 104 Friedrich Nietzsche, Er wundert sich auch über sich selbst. In: F.N., Vom Nutzen und Nachtheil der Historie für das Leben. Aus: Nietzsche. Ausgewählt und vorgestellt von Rüdiger Safranski, München: Deutscher Taschenbuch Verlag 1999
S. 105 Arthur Schopenhauer, Man frage sich ehrlich ... In: A.Sch., Über den Tod. Aus: Schopenhauer. Ausgewählt und vorgestellt von Rüdiger Safranski, München: Deutscher Taschenbuch Verlag 1998
S. 105 Arthur Schopenhauer, Wir können die Zeit ... In: A.Sch., Die Welt als Wille und Vorstellung. Aus: Schopenhauer. Ausgewählt und vorgestellt von Rüdiger Safranski, München: Deutscher Taschenbuch Verlag 1998
S. 110 Hans Schwab-Felisch, Die Fülle der Bilder ist unglaublich. In: Frankfurter Allgemeine Zeitung, 3. Februar 1982
S. 111 Heinz Klunker, Das Staunen im Parkett ... In: Theater heute 3/82
S. 112 *Der erloschene Zwergplanet* ist Tankred Dorsts »Parzival« entnommen.
S. 113 *Den Realismus erweitern* erschien in dieser Fassung zuerst in: Tankred Dorst, Werkstattberichte. Hg. von Günther Erken, Frankfurt/Main: Suhrkamp 1999
S. 115 Tankred Dorst, *Der nackte Mann.* Mit farbigen Zeichnungen von Johannes Grützke. Mitarbeit Ursula Ehler, Frankfurt am Main: Insel 1986
S. 125 Bei *Purcells Traum von König Artus* handelt es sich um einen Entwurf von Tankred Dorst für eine Oper mit Purcells Musik.
S. 125 John Milton, Samson Agonistes
S. 127 Tankred Dorst, Die Ruine eines alten Theaters in Palermo ... Originalbeitrag
S. 133 *Georg Hensel, Ritter, Tod und Teufel nicht von gestern. Ein Besuch bei Tankred Dorst.* Zuerst erschienen in: Frankfurter Allgemeine Zeitung, 17. Oktober 1981. Der Text ist hier in gekürzter Fassung wiedergegeben.

Die hier nicht nachgewiesenen Zitate von Tankred Dorst entstammen seinen Stücken »Merlin«, »Eiszeit«, »Toller«, »Die Schattenlinie«, »Herr Paul«, »Die Legende vom armen Heinrich«, »Karlos« und »Parzival«.

Bildnachweise

S. 2 Aubrey Beardsley, »Der sinnende Zauberer«

S. 6 Gustave Doré, »Merlin findet Artus«, Foto: AKG, Berlin

S. 8 »Les trés riches heures du Duc de Berry«, Beginn der zweiten Nokturn (Der reitende Tod). Ausschnitt Folio 90 verso, Musée Condé, Chantilly (Signatur Ms. 65)

S. 9 »Merlin«, Turun Kaupunginteatteri Turku/Finnland 1997, Regie: Katariina Lahti, Foto: Eija Hartemaa

S. 10 »Merlin«, Umschlag der Erstausgabe, Frankfurt/M.: Suhrkamp 1981, Gestaltung: Willy Fleckhaus

S. 11 Als Spielstätte ursprünglich vorgesehene Fischmarkthalle, Hamburg 1978, Foto: Gisela Scheidler

S. 12 »Auf dem Chimborazo«, Kammerspiele München 1978, Regie: Harald Clemen, Proben/Aufführungsfoto Deutsches Theatermuseum München

S. 13 »Eiszeit«, Bochum 1973, Regie: Peter Zadek, Foto: Roswitha Hecke. O.E. Hasse als der Alte.

S. 14 Mark Twain, »Hank Morgan am Hofe König Arthurs«, Zeichnung: Ramon de la Fuente, Nürnberg: Schwager und Steinlein 1976

S. 15 Aus einer französischen Handschrift (1300-1320) zu den Abenteuern Lanzelots

S. 16 »Toller«, Piccolo Teatro Milano 1970, Regie: Patrice Chéreau, Foto: Luigi Ciminaghi

S. 17 Bühnenentwurf von Patrice Chéreau zu »Toller«, Piccolo Teatro Milano 1970

S. 18-19 Edward Burne-Jones, »Die Berufung der Ritter«, ca. 1891

S. 20 Skizzen (Bühnenbildentwürfe) von Helmut Stürmer

S. 21 Gaetano Pompa, Zeichnung. In: »Merlin oder Das wüste Land«, Frankfurt/M.: Suhrkamp 1981

S. 24 Martin Honert, »Foto«, 1993. VG Bild-Kunst, Bonn 2001

S. 25 Französische Handschrift aus dem 12. Jh., »Die Tafelrunde«

S. 26 Odilon Redon, »Cyclops« 1898-1900, Rijksmuseum Kröller-Müller, Otterlo

S. 27 Mark Twain, »Hank Morgan am Hofe König Arthurs«, Zeichnungen: Ramon de la Fuente, Nürnberg: Schwager und Steinlein 1976

S. 29 »Gaheriet enthauptet seine Mutter, die er im Bett des Lamorat überrascht«, Codex 2.537, fol. 260, Bildarchiv d. ÖNB, Wien

S. 30 Edward Burne-Jones, »Sir Galahad«, 1858

S. 31 Georg Baselitz, »Die großen Freunde«, 1965

S. 33 Fritz Schuhmacher, Gralstempel »Montsalvat«, 1898

S. 34 Edward Burne-Jones, »Die Verführung Merlins«

S. 37 Mittelalterliche Zeichnung »Arthur und Mordred im Kampf« (Lambeth Palace)

S. 38 Zeichnung von Johannes Grützke

S. 39 Aubrey Beardsley, »Bedivere casts Excalibur in the Lake«

S. 40 »Merlin«, TAT Frankfurt 1998, Regie: Alexander Brill, Foto: Katrin Schander

S. 41-43 Kazuo Katase, »Ohne Titel (Schale V)«, 2000, Diasec Face, 90x150x5 cm, 5/1 a.p.

S. 44 Edward Burne-Jones, »Die schlafenden Ritter«

S. 47 »Merlin«, Burgtheater Wien 1999, Regie: Karin Beier, Foto: Reinhard Werner, Burgtheater Wien. Michael Schottenberg als Merlin, Doreen Nixdorf als Ritter.

S. 49 Ankündigung der Aufführung in London 2001, Regie: Patricia Benecke, Foto: Katrin Ribbe. Patrick Driver als Merlin.

S. 50 John Kirby, »A Death Foretold« 1998, Angela Flowers Gallery, London
»Wer lebt, stört«, Handschrift von Tankred Dorst

S. 51 »Parzival«, Krefeld 1997, Regie: Thomas Krupa, Foto: Matthias Stutte

S. 52 »Toller«, Amsterdam 1969, Regie: Walter Tillemans, Foto: Kors van Bennekom

S. 53 »Merlin«, Ankündigung der Aufführung im Turun Kaupunginteatteri Turku/Finnland 1997

S. 54 Max Klinger, »Die Vertreibung aus dem Paradies«

S. 55 Bergen-Belsen 1945, Foto: Patrick Piel, Gamma, Studio X Paris

S. 57 »Merlin oder Das wüste Land«, Uraufführungsplakat, Düsseldorfer Schauspielhaus 1981

S. 58 »Merlin« in Afrika: Yaoundé/Kamerun und Lagos/Nigeria

S. 59 Gedicht von Tankred Dorst, zuerst erschienen in: Das 21. Jahrhundert, Ausstellungskatalog, Kunsthalle Basel 1993

S. 60-61 »Merlin«, Stockholm 1995, Regie: Ronny Danielsson

S. 62 »Merlin«, Basel 2000, Regie: Stefan Bachmann, Foto: Sebastian Hoppe. Silvia Fenz als Merlin.

S. 63 »Rotmord« nach dem Theaterstück »Toller«, WDR 1969, Regie: Peter Zadek. Wolfgang Neuss als Erich Mühsam.

S. 64-65 »Merlin«, Deutsches Schauspielhaus Hamburg 2000, Regie: Jossi Wieler, Foto: Matthias Horn

S. 67 »Herr Paul«, Tokio 1999, Regie: Jossi Wieler

S. 68 »Herr Paul«, Plakat, Krakau 2000, Regie: Bartosz Szydlowska

S. 69 »Der verbotene Garten«, Deutsches Schauspielhaus Hamburg 1988. Regie: Wilfried Minks, Foto: Elisabeth Henrichs. Fritz Schediwy als D'Annunzio. Postkarte »Benito Mussolini e Gabriele D'Annunzio«

S. 70 »Merlin«, Deutsches Schauspielhaus Hamburg 2000, Regie: Jossi Wieler, Foto: Matthias Horn. Judith Engel als Ginevra.

S. 71 »Feuerbach«, Thalia Theater Hamburg 1987. Regie: Tankred Dorst, Foto: Ralf Brinkhoff. Wolf Dietrich Sprenger als Feuerbach.

S. 72-73 »Merlin«, Salvador/Bahia 1993. Regie: Carmen Paternostros. Foto: Celia Aguiar/Maria Sampaio

S. 74 Gaetano Pompa, »Merlin versucht, dem Schatten seines Vaters zu entfliehen«.
Gaetano Pompa, »Auf meinen Schultern...«

S. 75 »Korbes«, Plakat der Uraufführung am Deutschen Schauspielhaus Hamburg 1988. Regie: Wilfried Minks. Foto: Thilo Beu
S. 76-77 »Merlin«, Bulandra Theater Bukarest 1990, Bühnenentwurf
S. 78 »Merlin«, Münchner Kammerspiele 1982. Regie: Dieter Dorn, Foto: Oda Sternberg
S. 79 Postkarte »Hier ist Harmonie und Frieden ...«. Boris Iofan, »Palast der Sowjets«, MAK Wien 1994
S. 81 »Parzival«, Theater im Marienbad Freiburg 1996, Regie: Dieter Kümmel, Foto: Klaus Fröhlich
S. 82 Odilon Redon, »Winged Head above the Waters«, Institutes of Chicago
S. 83 »Merlin«, Münchner Kammerspiele 1982, Regie: Dieter Dorn, Foto: Oda Sternberg. Edgar Selge als Galahad.
S. 85: Umschlag der Erstausgabe »Ich, Feuerbach«, Mitarbeit: U. Ehler, Frankfurt/M.: Suhrkamp 1986, Gestaltung: Cees Heemskerk
S. 86-87 »Merlin«, Schauspiel Köln 1990/91, Regie: Uwe Eric Laufenberg, Foto: Klaus Lefebvre. Birgit Walter als Ginevra, Manfred Studer als König Artus.
S. 89 »Die Legende vom armen Heinrich«, Staatstheater Kassel, documenta X spezial 1997/98, Regie: Adelheid Müther. Bühnenbild: Kazuo Katase
S. 92-93 Privatfoto U. Ehler/T. Dorst
S. 93 »Merlin«, Teatro o bando Lissabon 2000, Foto: Adelino Chapa
S. 94 »Korbes«, Deutsches Schauspielhaus Hamburg 1988, Regie: Wilfried Minks, Foto: Elisabeth Henrichs. Christa Berndl als Betzn, Sepp Bierbichler als Korbes.
S. 95 Roswitha Quadflieg, Grafik in: »Ich will versuchen, Kupsch zu beschreiben«, Hamburg: Raamin Presse 2000
S. 96 »Parzival«, Thalia Theater Hamburg 1987, Regie: Robert Wilson, Foto: Karin Rocholl. Ursula Ehler, Tankred Dorst, Robert Wilson (v. l.) bei den Proben.
S. 97 »Parzival«, Thalia Theater Hamburg 1987, Regie: Robert Wilson, Foto: Karin Rocholl
S. 98 Neil Folberg, »Great dune and clouds, Bikat Baraka«, aus: In a desert land, New York: Abbeville Press 1987
S. 99 »Merlin«, RO-Theater Rotterdam 1985, Regie: Antoine Uitdehaag und Jos Thie
S. 101 »Karlos«, Kammerspiele München 1990, Regie: Dieter Dorn. Foto: Oda Sternberg. Ulrich Matthes als Karlos.
S. 102 Entwürfe von Jürgen Rose zu »Karlos«, Kammerspiele München 1990
S. 107 Die Gestalten aus der Vergangenheit, Skizze aus dem Arbeitsheft von Ursula Ehler 1979
S. 108 »Merlin«, Münchner Kammerspiele 1982, Regie: Dieter Dorn, Foto: Oda Sternberg
S. 109 »Merlin«, Münchner Kammerspiele 1982, Regie: Dieter Dorn, Foto: Oda Sternberg
S. 110 »Merlin«, Münchner Kammerspiele 1982, Regie: Dieter Dorn, Foto: Oda Sternberg
S. 111 »Merlin«, Münchner Kammerspiele 1982, Regie: Dieter Dorn, Foto: Oda Sternberg
S. 112 »Merlin«, Salvador/Bahia 1993, Regie: Carmen Paternostros, Foto: Celia Aguiar/Maria Sampaio
S. 114 »Merlin«, Salzburger Landestheater 1998, Regie: Beverly Blankenship, Foto: Christian Schneider
S. 115-124 Zeichnungen von Johannes Grützke zu Dorst, »Der nackte Mann«, Mitarbeit: U. Ehler, Frankfurt/M.: Insel 1986
S. 126 Ruine eines alten Theaters in Palermo, Privatfoto
S. 127 Foto: Barbara Klemm
S. 128 Foto: Franz Kimmel
S. 131 Max Ernst, »La femme visible«, 1925 © VG Bild-Kunst, Bonn 2001
S. 132 »Merlin«, Schauspielhaus Düsseldorf 1981, Regie: Jaroslav Chundela, Foto: Lore Bermbach
S. 133 T. Dorst und U. Ehler 1979 in Rom, Privatfoto
S. 134 »Merlin«, Schauspielhaus Düsseldorf 1981, Regie: Jaroslav Chundela, Foto: Lore Bermbach
S. 136 »Merlin«, Münchner Kammerspiele 1982, Regie: Dieter Dorn, Foto: Oda Sternberg. Peter Lühr als Merlin.
S. 137-138 Nachbemerkung von Tankred Dorst zu »Merlin«
S. 139 »Merlin«, Programm, Staatstheater Kassel 1984
»Merlin«, Programm, Theater Basel 2000
S. 140 »Merlin«, Plakat, Stadttheater Konstanz 1994
»Merlin«, Programm, Nationaltheater Ivan Franko Kiew 1996

Leider ist es uns nicht gelungen, in allen Fällen den Rechteinhaber ausfindig zu machen. Wir bitten um Meldung an den Verlag.